Die schönsten Motorrad-Geschichten

Ernst Leverkus

DIE SCHÖNSTEN MOTORRAD-GESCHICHTEN

Motorbuch Verlag Stuttgart

Schutzumschlag von Siegfried Horn.
Die Illustrationen fertigte Ernst Leverkus.

ISBN 3-87943-132-9

3. Auflage 1972

Eine Abteilung des Buch- und Verlagshauses Paul Pietsch GmbH & Co. KG.

Satz und Druck: Verlagsdruckerei Carle, Vaihingen (Enz).
Buchbinderische Verarbeitung: Verlagsbuchbinderei Karl Dieringer, Stuttgart.
Printed in Germany.

Robert Sexé und Männern wie ihm gewidmet.

Inhalt

Nett-Wirt

Das Garn beginnt …

… mit einem Vor-Kapitel. Denn ein Vor»wort« wäre zu wenig für alles, was man dem Leser sagen muß. Wir müssen damit rechnen, daß sich mit dieser Lektüre auch Leute befassen, die noch nie in ihrem Leben auf einem Motorrad gesessen haben und die gar nicht wissen, was ein Zweitakt- und was ein Viertaktmotor ist. Nun gut, das brauchen sie auch nicht, denn dieses Buch ist kein technisches Fachbuch, sondern eine Geschichten-Sammlung, die gar nicht einmal nur für benzingetaufte Fahrensleute gedacht ist. Aber aus dem Bereich, in dem sich diese Geschichten abspielen, muß man dem Leser vorher doch etwas mehr erzählen.

Diese Erzählungen spielen im Kreise der Motorradfahrer.

Mancher sieht vielleicht in einem Menschen, der sich auf ein Motorrad setzt und durch die Lande braust, so etwas Ähnliches wie einen wilden Cowboy. Es ist ja auch leider so, daß man viel zu oft in Publikationen den Typ des Motorradfahrers mit einem leichten Unterton an Ironie schildert. Man erkennt als Freund dieses Sportes immer wieder, mit wie wenig Sachkenntnis und Einfühlungsvermögen Schilderungen veröffentlicht werden, die sich um Motorradfahrer, Motorradfahren und Motorradtechnik drehen. Genau wie bei den Geschichten über die christliche Seefahrt, die einem alten Seebären alle Haare zu Berge stehen lassen, wenn sie von Leuten verfaßt werden, die das Meer nur vom Lexikon her kennen.

Der tiefere Sinn dieses Buches soll letztlich auch eine Erklärung sein, wer denn eigentlich Motorrad fährt, wo das Auto doch so viel bequemer, so viel »sicherer«, so viel praktischer ist und dazu auch noch — je nach Marke und Typ — zum Ansehen unter den Bürgern beiträgt; also eine Art goldene Uhrkette des Prestiges ist.

Warum also Motorrad fahren?

Wir werden sehen, daß das Bild der Motorradfahrer ziemlich bunt ist, daß es keine soziale und gesellschaftliche Schicht gibt, die dabei nicht vertreten ist, und daß sich hier ein Stamm Fröhlichkeit erhält, wie wir das von den Segelschiffen, von den Segelflugzeugen, von den Bergsteigern, von den Reitern, von den Jägern her kennen — alles Gruppen, die doch eigentlich Dinge tun, die — wollte man nur rationell denken — in unserem Zeitalter überholt wirken. Kommt man mit einem Hubschrauber nicht viel schneller und sicherer auf einen Berg? Erreicht man andere Kontinente nicht viel schneller und sicherer als ausgerechnet mit einem Segelschiff? Könnte man seltenes Wild nicht viel besser in großen Gehegen halten?

Ein Wort zu dem Begriff »Motorrad«. Verwechseln Sie das bitte nicht mit jenen motorisierten kleinen Zweirädern, die als »Moped«, als ein Fahrrad mit einem Motor und Tretkurbeln, über unsere Straßen schnurren. Ein Motorrad ist etwas ganz anderes aus dem Gesichtswinkel eines Motorradfahrers. Es gibt unter ihren Besitzern Kerle, die ein Motorrad als vollwertig erst ab 500 ccm Hubraum oder ab 30 PS Motorleistung wirklich anerkennen.

Aber so fanatisch soll man nicht sein. Denn auch mit 6 PS kann man schon seinen Spaß haben — nur mit 1,5 kleinen Moped-Pferdchen ist eben nicht viel von dem drin, was wir den »Spaß an der Freud'« nennen. Und an die 90 km/h sollten auch möglich sein. Ein Motorrad ist also ein Fahrzeug, das zwischen zwei Rädern einen *kraftvollen* Motor besitzt.

So könnten wir eigentlich mit den Geschichten beginnen. Doch muß noch gesagt werden, woher sie stammen. Wenn einer von uns Motorradfahrern unterwegs ist, vielleicht zum Nürburgring, einem der beliebtesten Wallfahrtsorte, die es für einen Benzingetauften gibt, dann wird er natürlich dort zu einer Rast einkehren, wo man ihn gern willkommen heißt. Es gibt in unserem Lande einige solcher Rastplätze, die in den letzten Jahren besonders zu Treffpunkten von Motorradfahrern wurden, und einer dieser Plätze ist der Gasthof »Eifelstuben« in dem kleinen Ort Drees in der Eifel neben dem Nürburgring. Auf dem Wege von Süddeutschland nach England macht man gern eine Nacht Rast in diesem Haus, das sozusagen am Wege liegt. Es ist der Knotenpunkt vieler Motorradfahrer-Routen durch Europa, z. B. zwischen Frankreich und Skandinavien, Holland und der Schweiz. Die Fahrensleute kehren auf ihren Reisen beim »Motorradwirt von Drees« ein, und weil sein Name Josef Nett ist, so nennen ihn die Motorradleute den »Nett-Wirt«. Falls einer nicht weiß, wohin er seinen Urlaub verlegen soll, dann fallen ihm nicht selten der Nett-Wirt und der Nürburgring ein, und es soll sogar Motorradfahrer geben, die Zeit ihres Lebens nie woandershin gefahren sind. Und wenn ich das auch selbst noch nicht erlebte und für eine Volkssage halte, beinahe möglich könnte es schon sein.

Was ist also dran an diesem Wirtshaus in der Eifel? Es sieht von außen weder romantisch noch modern aus, es ist ein Dorfgasthaus wie tausend andere auch, und in Drees selbst legen die Hühner die gleichen Eier wie anderswo. Die Misthaufen riechen auch nicht anders, und die Glocke in der kleinen Kirche vor den Eifelstuben tönt wie alle Kirchenglocken. Einen besonderen Komfort gibt es nicht, und wenn es an den Wochenenden so voll ist, daß keine Zündkerze mehr zu Boden fallen kann, dann kommt man zu einem Essen oder zu einem Glas Bier nur durch Selbstabholen an der Theke.

Man muß es besuchen, um zu merken, was dort los ist. Aber man sollte diesen Besuch möglichst mit einem Motorrad als »Reittier« und als Motorradfahrer machen, sonst wird man es nicht merken. Man sollte nicht gerade dann hinfahren, wenn auf dem Nürburgring die großen Ereignisse und Rennen (z. B. das Eifelrennen im Frühjahr oder der Große Preis von Deutschland, das Eifelpokal-Rennen im Herbst oder das Elefanten-Treffen im Januar) stattfinden, denn dann hat der Nett-Wirt wahrhaftig keine Zeit zu einem Schwatz, und seine Gaststube und der große Saal gleichen eher einer Dose voll gepökelter Heringe als einem gemütlichen Aufenthaltsraum. Man sollte in der Woche hinfahren und außerhalb der großen Rennen. Dann muß man sich abends mit an den großen Tisch setzen, um den die anderen Motorradfahrer auch herumsitzen, man sollte ein Gläschen aus des Nett-Wirtes Geheimschrank von der Mosel probieren und braucht dann nur zuzuhören.

Da geht es in den Gesprächen um die schnellen Runden um den Nürburgring oder um andere Rennstrecken, um Nockenwellen und Kurbelwellenlager, um Kolben und Zylinder, um Getriebe und Reifen, um Rahmen und Federbeine, um Bremsen und Geschwindigkeiten. Da geht es um Solomaschinen und Seitenwagen, es geht um Markennamen, und es gibt heftige Diskussionen um die Vorzüge oder Nachteile irgendeines Modelles. Kaum wird jemals einer der schnellen Gesellen etwas anderes erzählen, bis auf eine Ausnahme: sein letztes Abenteuer mit seiner Maschine bei einem Rennen oder während einer Urlaubsreise. Wenn dann das endlose Thema der Technik vorbei ist, und einer beginnt in der Runde mit fast immer dem gleichen Satz »Ich kannte mal einen ... «, dann, lieber Freund, spitzen Sie die Ohren!

Denn nun beginnen die ernsten und heiteren Geschichten, die immer wieder erzählt werden und die davon berichten, was das Motorradfahren ausmacht. Hier beim Motorradwirt oder an den

Feuern vor den Zelten der großen Treffen, am Rande der Straßen bei Begegnungen oder in den Fahrerlagern der Wettbewerbe. Ich habe sie aufgeschrieben.

Eine genau gleiche Stelle fand ich auf meinen vielen Motorradreisen nur sehr selten. Vor dem Haus neben der kleinen Kirche eine lange Reihe geparkter Maschinen, manche davon aus Holland, aus England, aus der Schweiz, aus Österreich, aus Frankreich und anderen Ländern, im großen Saal neben dem Haupthaus eine Reihe Luftmatratzen müder Motorradwanderer, die hier neben ihren Maschinen ausruhten, und unter der Lampe auf der langen Theke des Saales ein zerlegter Motor, an dem zwei Männer schlosserten. In der Wirtsstube eine lachende, lustige Mannschaft in Lederhosen, Island-Pullovern, die Fahrmäntel und schwarzen englischen Jacken über den Stuhllehnen oder am Haken, Sturzhelme überall an der Wand, in der Ecke ein paar schmunzelnde Motorradfahrerfrauen (die »Sozias«), eifrig mit den Stricknadeln klappernd, und hinter der Theke der Nett-Wirt, den lustigen Zuruf eines Neuankömmlings empfangend, dessen Gesicht davon erzählt, daß er nicht »nur mal eben« die 60 Kilo-

meter von Koblenz her in die Eifel kam, sondern daß er eine lange Reise hinter sich brachte.

Die Stimmen schwirren in vielen Dialekten durcheinander, und an unserem Tisch bekommt mein Freund Heinz verdächtige Schmunzelfalten im Gesicht. Das ist das Zeichen! Man lehnt sich zurück und nimmt noch schnell einen Schluck. Er grinst lustig in die Runde, und dann beginnt er wie viele, immer wieder: »Jaaaa, ich kannte mal einen ... «

*

Es wäre schade drum, wenn diese alten, immer wieder neu, immer wieder etwas anders erzählten Geschichten aus der Welt der Motorradfahrer eines Tages vergessen wären. Natürlich erhebt keine davon Anspruch auf eine hier unwichtige Wahrheit, aber ihr Ursprung war einmal eine wahre Begebenheit. Sollte irgendjemand meinen, daß er sich und seine Abenteuer in diesen Geschichten und in diesem Buch wiedererkennt, so möchte ich ihm versichern, daß das nur reine Zufälligkeit sein kann, daß er es aber doch ganz bestimmt nicht ist, von dem hier die Rede ist.
So schlagen wir also das erste Kapitel auf.

»Ellen Vannin syr dy bragh«

Das sind Worte der gälischen Sprache, und sie heißen »Lang lebe die freie Insel Man«.

Diese Insel, die Isle of Man, die Insel Man, liegt mitten in der Irischen See zwischen Irland und England in einem Seitenarm des Golfstromes. Von Liverpool aus sind es mit dem Dampfer etwa vier Stunden bis nach Douglas, der Hauptstadt der Insel. Wenn die See grob ist und ein steifer Wind weht, dann braucht der Dampfer etwa fünf Stunden. Das Eiland ist ca. 50 km lang und 20 km breit, seine höchste Erhebung ist der Berg Snaefell, der nicht ganz 700 m hoch über das Meer hinausragt. Zwei Wochen in jedem Jahr, im Monat Juni, wird die Isle of Man zur Insel der Motorradfahrer, dann beherrschen tausende von Maschinen die Landstraßen und die Straßen von Douglas, Castletown, Peel, Ramsey und den anderen kleineren und größeren Ortschaften. Selbst auf dem Flugplatz bei Castletown steigen Motorradfahrer aus den Flugzeugen. Die Autos, die Omnibusse, die wundervolle alte Dampfeisenbahn (deren Lokomotiven herrlich blank geputzte Dampfdome besitzen und schon lange vor der Jahrhundertwende in Betrieb waren!), die alte Pferdebahn auf der Promenade von Douglas treten in den Hintergrund — es ist, als sei eine Armee von Motorrädern gelandet. In den Straßen prominieren abends die Fahrer in ihren Fahranzügen, überall parken vor Hotels, Gasthäusern und Pensionen in den Straßen Trauben von Motorrädern mit den Kennzeichen aus aller Welt, und jeder der Dampfer, die laufend während dieser Zeit an der Mole von

Douglas anlegen, schüttet sozusagen die Motorräder und Fahrer eimerweise an Land. Das ist seit dem Jahre 1907 so.

Wer sich unter Motorradfahrern auskennt, der wird bald merken, daß es einige Jahreszeiten gibt, in denen die Männer merkwürdig unruhig werden. Da kann man oftmals kein vernünftiges Wort mit ihnen reden, denn ihre Gedanken sind ganz woanders, ganz weit weg. Im Winter, um die Zeit des Jahreswechsels herum, ja, schon lange vor Weihnachten, sprechen viele von ihnen nur vom Nürburgring und vom Elefantentreffen, denn Anfang Januar jedes Jahres kommen trotz härtester Witterung auf dem Nürburgring Motorradfahrer aus ganz Europa zusammen, um dort so eine Art Gedankenaustausch und Freundestreffen abzuhalten. »Elefanten« sind in ihrer Sprache die schweren Motorräder. 1969 waren es fast 10 000 Maschinen und weit über 25 000 Menschen. Der Anblick dieser riesigen Zahl von Motorrädern, das große Zeltlager unter den tief verschneiten Bäumen, die Ansammlung wirklich interessanter Abenteurer und Männer aller Nationen ist von so großer Anziehungskraft, daß sie jedes Jahr die Härten einer winterlichen Motorradreise vergessen und es nicht übers Herz bringen können, zu Hause hinterm Ofen hocken zu bleiben.

Aber fünf Monate später beginnt die große Unruhe schon wieder: der Termin der »Tourist-Trophy« auf der Isle of Man rückt näher.

Die »Tourist-Trophy« ist die Bezeichnung für das schwerste und bedeutendste Motorradrennen der Welt, das auf den Landstraßen der Isle of Man gefahren wird und ein entscheidender Wettbewerb unter den jährlichen Rennen um den Titel eines Motorrad-Weltmeisters ist. Ein »TT«-Sieger ist Kaiser unter Königen, das Erlebnis der Tourist-Trophy ist für einen Motorrad-Enthusiasten derartig mitreißend, daß er seine Zeitrechnung danach einteilt. Normalerweise richten wir uns nach Weihnachten, Neujahr, Ostern, Pfingsten, nach den Familientagen und nach den Schulferien. Ein Motorradfahrer richtet sich nach dem Elefantentreffen im Januar, nach der Tourist-Trophy im Juni und nach der Sechstagefahrt im Herbst, die meist im September irgendwo in einem besonders schönen Gebirgsteil von Europa ausgefahren wird.

Hier geht es nun um die »Insel der Motorradfahrer«. Vierzehn Tage lang dauert das große Ereignis. Eine Woche ist zum Trainieren auf der schwierigen Strecke vorgesehen, und eine Woche ist den Rennen selbst gewidmet. Diese finden normalerweise am Montag für Seitenwagen-Gespanne und für 250-ccm-Maschinen, am Mittwoch für Serien- und 350-ccm-Maschinen und am Freitag für 125-ccm- und 500-ccm-Maschinen statt. Das Hauptereignis ist am Freitag das Rennen der 500-ccm-Motorräder. Zwischen den Renntagen gibt es noch andere motorradsportliche Ereignisse — ein internationales Moto Cross, eine internationale Veteranen-Rallye und ein bedeutendes Beschleunigungs-Rennen sind die Haupt-Veranstaltungen. In der TT-Woche kann man täglich und stündlich irgendwo auf der Insel ein »motorcycle-event« erleben. Zu den Rennen erscheinen die besten Rennfahrer der Welt und die berühmtesten Fabrikrennställe mit Ingenieuren und Mechanikern. Man trifft alles, was in der Motorradwelt Rang und Namen hat, dazu viele, viele tausend Motorradfahrer aus allen Teilen Englands, des europäischen Kontinents und der Welt.

»Auf den Straßen der Königin«, so besagt ein Gesetz in England, »sind rennsportliche Wettbewerbe verboten«. Als es um die Jahrhundertwende mit der Kraftfahrt los ging, da gab es in England keine Möglichkeiten, sportliche Wettbewerbe auszutragen. Wenn nicht heute auf privaten Ländereien, auf alten Flugplätzen usw. durch private und Club-Initiative Rennen veranstaltet würden, gäbe es in England überhaupt keinen Motorsport. Allerdings:

die Anzahl der Motorradrennen beispielsweise übersteigt heute bei weitem die der wichtigen Rennen auf dem europäischen Kontinent oder gar in Deutschland. Doch um 1900 war das noch nicht so, und in dieser Tatsache erblickten die Leute der Insel Man ihre Chance.

Die Insel gehört nämlich nicht zu England. Und das, lieber Leser, wußten Sie vielleicht noch nicht. Sie ist nicht etwa Land, das in staatlichem Besitz ist. Sie ist sogenanntes »Kronland«. Das ist ziemlich kompliziert zu erklären, aber grob ausgedrückt ist es persönliches Eigentum der englischen Krone, die durch einen Gouverneur vertreten ist. Man hat sein eigenes Parlament, seine eigenen Gesetze und ist in gewisser Beziehung völlig selbständig. Von der Urbevölkerung her, den Kelten, hat man seine eigene Sprache erhalten, die »Manx«-Sprache, außerdem hat man eigenes Geld, das sich allerdings vom normalen englischen Geld nur dadurch unterscheidet, daß man es in England nicht eingetauscht bekommt.

Das Parlament der Isle of Man beschloß, die Straßen der Insel dem Rennsport nicht zu verschließen, und damit begann 1907 die Geschichte der Tourist-Trophy. In jenem Jahre wurde am 28. Mai das große Rennen für Motorräder zum ersten Male veranstaltet. Und zwar in zwei Klassen — einer Einzylinder- und einer Mehrzylinder-Klasse. Aus Deutschland fuhren zwei Einzylinder-NSU-Maschinen mit, von denen eine ausfiel und die andere, mit Michael Geiger unter 18 Teilnehmern seiner »Einzylinder-Klasse«, den fünften Platz belegte. Das erste Rennen ging über die Straßen zwischen St. Johns, Kirkmichael, Peel und zurück nach St. Johns. Eine Runde war gut 25 km lang. Zehnmal mußte dieser Kurs umrundet werden, und das war für die damaligen Maschinen, die zum Teil noch Pedale zum Mittreten und Riemenantrieb vom Motor zum Hinterrad ohne Getriebe hatten, eine schwere Prüfung. Die Straßen waren auch nicht gerade wie die heutigen Autobahnen — es waren befestigte, bessere Feldwege. Auf ihnen gab es Längsrillen, Staub, Geröll und grobe Steine, und nur in den Städten Peel und St. Johns war etwas Pflaster und festerer Boden vorhanden. Pannen — vor allem Reifenschäden — kamen in jeder Runde vor. Zwischen St. Johns und Kirkmichael war eine Auffahrt zu überwinden, die heutigen Fahrzeugen überhaupt keine Aufgabe mehr stellt. Damals aber mußten die Fahrer zuerst mit den Pedalen mittreten und schließlich sogar absteigen und die schweren Eisenhaufen den »Berg« hinaufschieben. Dabei muß man wissen, daß das wichtigste Werkzeug, kleinere Ersatzteile, Luftpumpe, Reserveschläuche und Reservereifen, vom Fahrer mitgeschleppt werden mußte, wenn er über die Runden kommen wollte. Kurz vor dieser Steigung waren im Wirtshaus Glen Helen, das heute noch fast unverändert dort steht, eine Menge Zuschauer, Helfer, Journalisten und Funktionäre versammelt, die auf die Fahrer warteten. Wenn diese vorbeikamen, dann lief man neben ihnen den Berg hinauf und fragte sie, während sie schoben, nach Einzelheiten des Rennens. Streckenfunk, Anzeigetafeln, Ersatzteillager neben der Strecke in Boxen, Telefone und andere moderne Errungenschaften einer Rennstrecke gab es natürlich noch lange nicht. Als Zeittafel fungierte in St. Johns die Tafel der Schule.

Können Sie sich vorstellen, wie einem schwitzenden, fast ausgepumpten Mann zumute ist, wenn er, sein schweres Motorrad schiebend, von einem aufgeregten Journalisten nach Einzelheiten des Rennverlaufs gefragt wird? Dabei wurde gebrüllt wie nichts Gutes, denn während der arme Rennfahrer den Berg raufkeuchte, mußte er den Motor natürlich laufen lassen, damit er oben gleich wieder aufspringen und weiterfahren konnte. Wenn nämlich so ein Motor in der damaligen Zeit aufhörte zu laufen, dann war es nicht immer ganz einfach, ihn wieder in Gang zu kriegen. Unter Umständen hing der Erfolg des Rennens daran.

Hier an diesem Berg entstanden viele der ersten Motorrad-Geschichten. Erzählt von einem atemlosen Mann. Mürrisch und unwillig, manchmal aber auch mit viel List und Schalk ausgestoßen, um die böse Konkurrenz zu täuschen. Oftmals aber auch, um einen lästigen Zeitungsmann loszuwerden. Da fiel dann einem manches Abenteuer ein, das man nachher in den Zeitungen lesen konnte. »Was?« schrie dann der bärtige Sportsmann unter seiner Mütze hervor. »Männeken, in Devil's Elbow — ja, das ist die Kurve da beim Viadukt — da habe ich den Moorhouse auf seiner Rex überholt wie nichts, und in Peel stand er wieder vor mir an der Ecke und trank 'n Porter Ale. Wie der da hinkam? Ich hatte inzwischen zweimal die Reifen geflickt —!« Oder: »In der Ballacraine-Ecke hab' ich Pause gemacht. Bin ich gleich mit der Maschine beim Wirtshaus auf der Ecke durch die Tür reingesaust bis zur Theke. Hat der Wirt mir 'n Tee gegeben und gesagt: Ausgang ist rechts die Tür. Und da bin ich wieder raus auf die Strecke.«

Dieses Rennen der schnauzbärtigen Mannsleute auf den teuflischen Donnerbolzen gewann H. Rem Fowler auf einer Zweizylinder-Norton in vier Stunden 21,53 Minuten mit einem Durchschnitt von 58,5 km/h. C. R. Collier wurde Sieger der Einzylinder-Klasse auf einer Matchless in vier Stunden 8,08 Minuten mit einem Durchschnitt von 61,4 km/h. Rem Fowler fuhr mit seiner Norton (einschließlich Schieben am Berg!!) die schnellste Runde in 22 Minuten 6 Sekunden mit einem Durchschnitt von 69,0 km/h.

Rem, 1907 zwanzig Jahre alt, war aus Birmingham und muß wie alle seine Konkurrenten und Sportkameraden ein sehr harter Bursche gewesen sein, um die Strapazen und Anstrengungen durchzuhalten. Innerhalb von acht der zehn zu fahrenden Runden hatte er zehn Pannen, die ihn zum Anhalten und zu eiligen Reparaturen zwangen. Er mußte nach einer Reifenpanne im

Vorderrad den Schlauch wechseln (einen Reserveschlauch hatte er ja im »Gepäck«), zweimal mußte er die Zündkerzen herausschrauben und durch neue ersetzen. Schließlich mußte er ein Schutzblech mit einem Riemen wieder fest anbinden, weil er zweimal zu schnell um Ecken und Kurven gefahren war, bei denen er mit der seitlichen Mauer oder mit dem Bürgersteig in Konflikt geriet. Dann mußte er immer wieder anhalten und den Abstand der Zündkerzen-Elektroden zurechtbiegen, und schließlich verlor er bei vollem Tempo die Luftpumpe, so daß er zurücklaufen mußte, um sie wieder aufzuheben. Das schlimmste Abenteuer bei dieser wahnsinnigen Fahrt war aber seine Durchfahrt durch die Flammen einer brennenden Maschine, die vor ihm an einer scharfen Kurve gestürzt war. Als er um die Ecke schoß, sah er das brennende Wrack genau in seiner Richtung auf der Straße liegen und einen Funktionär, der versuchte, ihm mit einer weißen Flagge zu winken und ihn anzuhalten. Er mußte sich im Bruchteil einer Sekunde entschließen, was er tun sollte und gab Gas, um möglichst blitzschnell durch das Flammenmeer hindurch zu kommen. Er hatte Glück. Aber er erzählte mir 1962, daß es eigentlich das tollste Erlebnis für ihn war, einmal mehr als 20 Meilen in der Stunde (= 32 km/h) fahren zu dürfen und nicht dabei auf einen Bobby aufpassen zu müssen. Denn normalerweise herrschte 1907 in England eine generelle Geschwindigkeitsbeschränkung von 20 m.p.h.

Fowlers Norton hatte nur einen Fahrgang, Pedale, Riemenantrieb. Der Riemen kam natürlich bei Feuchtigkeit und Regen leicht ins Rutschen, so daß der Motor durchdrehte. Die Schmierung des Motors geschah durch eine Ölpumpe, die man in regelmäßigen Abständen mit der Hand betätigen mußte.

Versuchen Sie mal heute mit Ihrem fahrbaren Untersatz, lieber Leser, auf einer normalen Landstraße (von befestigten Feldwegen wollen wir gar nicht reden!) einen Durchschnitt von 60 km/h über eine größere Distanz herauszufahren. Dann wird Ihnen klar werden, was die alten Motorradrennfahrer geleistet haben. Man sollte sie nicht verspotten.

Dies war mit der Beginn des großen Motorrad-Rennsportes, und die TT ist auch das Rennen mit der größten und ältesten Tradition. Heute fährt man von Douglas nach Ballacraine, Kirkmichael, Ballaugh, Ramsey, Bungalow, Creg-ny-Baa und zurück nach Douglas. Eine Runde ist gut 60 Kilometer lang, die großen Maschinen fahren sechs Runden, also 360 Kilometer. Dabei berührt die Strecke alle denkbaren Landschaftsformen. Die Küste wirkt oft wie in Dalmatien, man findet südländischen Charakter mit Palmen und kleinen Fischerhäfen oder schroffe Abhänge und Felsenklippen. Aber schon wenige Kilometer weiter macht die Landschaft den Eindruck wie im Schwarzwald — etwa zwischen Ballacraine und Glen Helen. Oben in den z. T. sumpfigen Bergen ist es kahl wie auf den skandinavischen Bergen, und es ist durchaus möglich, daß in Douglas die Sonne scheint, daß es in Ramsey regnet, und daß gleichzeitig in den Bergen zwischen Ramsey und Creg-ny-Baa dichter Nebel herrscht. Die Strecke hat mehr als 200 schwere Kurven, es ist keine präparierte und topfebene Piste. Sie geht ohne besondere Sicherungen durch Städte und Ortschaften, über Höhen und durch Täler und ist eine ganz normale Landstraße, deren Oberfläche sehr rauh und stellenweise sehr wellig ist. Oft wird sie rechts und links von Feldsteinmauern eingefaßt. Man kann sich gar nicht vorstellen, wie es möglich ist, daß man hier mit einem Motorrad einen *Durchschnitt* von mehr als 160 km/h erreicht.

Eine der ganz verlogenen Manx-Katzen-Geschichten

Die Isle of Man ist voller interessanter Dinge und Merkwürdigkeiten, aber unter diesen nehmen die schwanzlosen Katzen, die Manx-Katzen, eine besondere Stellung ein. Es handelt sich um eine Katzenart, die durch Mutation und Einwanderung aus Ostasien entstand (die Inselbewohner waren und sind zum Teil große Seefahrer) und tatsächlich keinen Schwanz hat. Sie hat etwas längere Hinterläufe und einen höheren Körperbau als unsere normalen Hauskatzen, und es ist noch niemandem gelungen, eine Manx-Katze außerhalb der Insel Man lange am Leben zu erhalten. Natürlich ist eine solche Katze ohne Schwanz der Ausgangspunkt für viele Späße mit TT-Neulingen, denen man zum Beispiel eine Manx-Katze mit der Erklärung zeigt, daß dies ja nicht anders sein könne, wo so viele Motorräder mit höchster Geschwindigkeit um die Ecken sausen.

Da gibt es eine feine Geschichte, die sich zwischen unserem großen Motorradrennfahrer der Vor- und ersten Nachkriegszeit, Georg Meier (München), und seinen Kameraden abgespielt haben soll, als dieser zum ersten Mal mit seiner BMW zur TT kam. Der Schorsch dementiert diese Geschichte, aber sie will unter den Motorradfahrern nicht aussterben. Wer zu den Großen zählt und die Sympathien so vieler begeisterter Menschen genießt, der ist nun einmal vor Anekdoten nicht sicher, und deswegen erlaube man mir, daß ich sie — natürlich als unwahre Legende — der Nachwelt erhalte.

Es war 1938, als der »Gußeiserne«, Georg Meier, mit der Werks-BMW aus München seine Meldung zur Teilnahme an der 500er Klasse, der »Senior-TT«, abgegeben hatte und selbstverständlich schon in der Trainingswoche vor dem Rennen auf der Isle of Man ankam. Nun galt es, die schwere Strecke genau kennenzulernen und, so oft es ging, auf ihr zu fahren. Auch mußte man sehen, wie gut oder weniger gut die Konkurrenz war. Das waren vor allem die Norton-Fahrer Harold Daniell aus England und Freddie Frith aus England, dazu der bis dahin achtfache TT-Sieger Stanley Woods, der in dem Jahr eine enorm schnelle Velocette gemeldet hatte. Stanley Woods gewann auch die 350-ccm-Klasse, die »Junior-TT«, und ein Jahr darauf holte er sich seinen 10. TT-Sieg ebenfalls in der 350er Klasse. Hinzu kamen Fahrer wie der Deutsche Ewald Kluge, der mit einer DKW in der 250-ccm-Klasse, der »Lightweight-TT«, 1938 — also in diesem Jahre — Sieger wurde. Diese Fahrer waren nicht nur faire und gute Sportkameraden, kannten nicht nur den Kurs sehr genau, sie waren alle auch lustige Gesellen.

Es waren die Großen der letzten dreißiger Jahre, und sie galten auch im Kreise ihrer Konkurrenten als kaum zu schlagende Kanonen. Man zollte ihnen den nötigen Respekt, hörte auf ihre Worte und nahm sie durchaus ernst. Eines Abends saßen diese Fahrer alle zusammen, und in diesem Kreise soll auch der »Newcomer« Georg Meier gewesen sein. Er hatte noch nie eine Manx-Katze gesehen und wußte gar nicht, was das war.

Da stellte plötzlich Daniell eine weiße Katze ohne Schwanz auf den Tisch und sagte trocken: »That one is from today!« (»Die ist von heute!«) Der Schorsch bekam kugelrunde Augen, und Stanley Woods erzählte ihm lachend, daß es während der Trainingstage oft vorkomme, daß die Katzen vor der Maschine über die Straße rennen würden, und daß die großen Fahrer sich dann den Sport machten, so genau zu fahren und zu zielen, daß man ihnen die

Schwänze abführe. Ein Fahrer, der eine Katze ohne Schwanz vorzeigen könne, sei einer der ganz tollen Burschen. »Wie zum Beispiel der Italiener Omobono Tenni«, fügte Stanley hinzu, »der letztes Jahr in der Junior-TT diese hier erwischte, wobei er auch noch das Rennen auf seiner Moto Guzzi gewann.« Und damit stellte Woods eine zweite schwanzlose Katze auf den Tisch, die wunderschön grau gezeichnet war.

Nun hätte ja wohl bestimmt jeder gefragt, wieso denn dann die weiße Katze von Daniell so munter sei, obwohl man ihr eine Stunde zuvor den Schwanz abgefahren hatte. Aber der Schorsch sagte nichts.

Nach dem nächsten Trainingstag traf sich die Tischrunde wieder. Als alle gegessen hatten, da stellte Freddie Frith, der hagere, knallharte und schnelle Norton-Mann, plötzlich eine schwarze Katze ohne Schwanz auf den Tisch und sagte lakonisch: »Well, that one is from today! My Norton told her behind Ballaugh-Bridge!« (»Die ist von heute. Meine Norton traf sie hinter der Ballaugh-Brücke!«) Die Ballaugh-Brücke ist eine kurze, hohe Buckelbrücke bei Meile 17 am Ortsrand von Ballaugh über den Ravensdale-Bach. Die Straße geht in zwei kurzen Knicken schräg über den Buckel hinweg.

Wer hier im Renntempo heil hinüberkommen will, muß seine Maschine beherrschen. Dort machen die Motorräder lange Luftsprünge (den längsten machte Bob McIntyre 1962 auf einer Vierzylinder-Honda 250 ccm mit ca. 20 Meter bei einer Geschwindigkeit von über 100 km/h) und es kommt darauf an, wie der Fahrer »landet«. Möglichst mit dem Hinterrad zuerst und nicht mit dem Vorderrad, damit es keinen gefährlichen Schlenker gibt! In so einem Falle landet man nämlich glatt zwischen den Rosen in den Vorgärten der Häuser auf der linken Seite oder im Wartehäuschen der Omnibushaltestelle auf der rechten Seite. Burschen, die einen »front-wheel-jump«, einen Sprung mit Vorderrad-Landung, riskieren, sind schon halbe Selbstmörder — oder ganz große Artisten, wenn sie auf den Rädern bleiben. Wenn sie dabei noch auf eine rennende Katze zielen und ihr den Schwanz abfahren können, dann sind es sozusagen Supermänner. Keiner der Anwesenden sagte etwas zu dieser kurzen Geschichte von Freddie Frith, aber dem Schorsch scheint es kalt den Rücken heruntergelaufen zu sein, denn inzwischen hatte er die Strecke schon viele Male gefahren und kannte sich so ziemlich aus, wo die gefährlichsten Stellen waren.
Nach dem Abschlußtraining der 500er Maschinen kamen Daniell, Frith, Woods und alle anderen noch einmal zusammen, und nun hatte jeder der drei Engländer eine schwanzlose Katze unter dem Arm. »It's the practise-result«, sagten sie und grinsten. Es kamen sogar andere Fahrer zu ihnen und gratulierten ihnen. Der Meier Schorsch soll die Stirn gerunzelt und seine Leute gefragt haben, wieso es möglich wäre, daß diese Kerle noch am Leben seien. Er habe es immer versucht. »Einmal hatte ich eine beim Bray Hill genau im Visier — aber da war's wieder nichts, denn die war schon — !«
Harold Daniell gewann das Rennen mit einem Durchschnitt von ca. 142,5 km/h auf seiner Norton vor Stanley Woods und Freddie

Frith, und unser Schorsch kam nicht vom Start. Hinter der Tribüne an der Glencrutchery Road gratulierten sie einander zu ihren Erfolgen. Der Stanley fragte den Schorsch, wo er denn geblieben sei. Da soll dieser lachend und augenzwinkernd gesagt haben: »Hör' zu. Dies Katzenspiel ist ein saugefährliches Geschäft!« Ein Jahr später — 1939 — gewann Georg Meier auf der 500er Kompressor-BMW, die noch heute in England als Reliquie aufbewahrt und gepflegt wird, dieses schwerste Motorradrennen der Welt. Er war der erste ausländische und der erste (und bis heute einzige!) deutsche Fahrer, der die Senior-TT gewinnen konnte, obwohl dies erst sein zweiter Start bei der Tourist-Trophy war. Die englischen Sportsleute rühmen ihn heute noch, und sein Name ist drüben unvergessen.

Etwas vom TT-Bazillus

Von 1915 bis 1920 und von 1940 bis 1946 — jeweils in den beiden schrecklichen Weltkriegen — wurden keine internationalen Motorradrennen der »Tourist-Trophy« auf der Isle of Man gefahren. Nur nationale Rennen. 1967 fand die internationale TT zum 47. Male statt, aber man feierte natürlich das 60. Jubiläum der TT-Strecke, und in allen Zeitungen Englands war folgendes Telegramm an Elisabeth II., Königin von England, zu lesen: »Telegramm an Her Majesty The Queen: Die Organisatoren der 60. Tourist-Trophy, die Fahrer, die offiziellen Vertreter der FIM (Federation Internationale Motocycliste — die oberste internationale Motorradsport-Behörde [Sitz Genf]) und Tausende von Zuschauern, die auf der Isle of Man versammelt sind, um dem Diamanten-Jubiläum dieses Ereignisses beizuwohnen, überbringen die besten Grüße Ihrer Majestät, der Königin (Her Most Gracious Majesty The Queen), anläßlich des offiziellen Geburtstages Ihrer Majestät.« Darunter ein Glückwunsch zu diesem Jubiläum von Prinz Philip, dem Schirmherrn der TT-Woche. Das unterstreicht so ungefähr die Bedeutung, die man in England dieser sportlichen Woche beimißt.

Die meisten Besucher, die einmal dort waren, werden dann auch von dem großen TT-Bazillus befallen. Das ist eine Krankheit, die man nicht mehr loswerden kann, und die sogar die normale Zeitrechnung — wie schon ein paar Seiten vorher erwähnt — neu reguliert. Der TT-Bazillus ist schlimm, und die davon befallenen »Unglücklichen« zeigen in ihrer Krankheit die merkwürdigsten

Symptome. Da kenne ich z. B. einen, den seine Kameraden »Deutschlands größten Schrauber« nennen. Diesen Titel erwarb er sich auf der TT.

Von den Erzählungen seiner Freunde angeheizt, trachtete er Jahr für Jahr, mit seiner Triumph-Bonneville (für Motorradunkundige Leser: das sind nicht etwa die Vornamen seiner lieben Frau, das ist der Marken- und Typenname seines Motorrades; die Triumph-Maschinen werden in England gebaut, und die »Bonneville« ist ein 650-ccm-Modell) als Schlachtenbummler zur TT zu fahren. Aber es kam immer etwas dazwischen, bis es dann doch einmal klappte. Die Maschine wurde vorbereitet, das viele Gepäck und das Zelt, schließlich auch seine lebenslängliche Sozia, sein treues Weib, in den Seitenwagen gestopft, und die große Wallfahrt begann.

Er hatte seiner guten Hanna versprochen, daß er ihr alles auf der Insel zeigen würde, und daß es ein schöner Urlaub werden solle. Sie kamen auch gut in Douglas auf der Isle of Man an und schlugen ihr Zelt oben hinter der Tribüne beim Start- und Zielplatz auf; dort, wo auch einige Rennfahrer aus Deutschland in Zelten, Transport- oder Wohnwagen ihr Domizil aufgeschlagen hatten. Darunter auch Hans-Otto Butenuth aus Deutschland, der eine BMW-Rennmaschine 500 ccm o. h. c. zur TT meldete und auch fuhr. Hans-Otto und der dünne Heinz kannten sich schon viele Jahre von gemeinsamen Motorrad-Abenteuern her, und es gab ein großes Hallo und eine herzliche Begrüßung. Hanna machte im Zelt einen feinen Begrüßungs-Tee, und die Zeit schien gut anzufangen.

Nun ist eine Rennmaschine kein gewöhnliches Motorrad. Die Leistung des Motors ist sehr hoch, und dementsprechend ist so ein schnelles Aggregat auch empfindlich. So dauerte es gar nicht lange, bis an der BMW von Hans-Otto, die zudem auch nicht mehr ganz neu war, nach den ersten Trainingsrunden einige Arbeiten notwendig wurden. Was das im Einzelnen war, weiß ich nicht so genau, aber wenn Rennfahrer einmal anfangen zu bauen, dann wird meist alles gleich zerlegt, untersucht, repariert oder ausgewechselt und wieder zusammengebaut. Der dünne Heinz wurde Hans-Ottos »Chefmechaniker«, und von dem Tage an sah die arme Hanna ihren TT-kranken Mann nur noch nachts, wenn er zum Schlafen todmüde ins Zelt kroch.

Vielleicht darf ich da einflechten, daß der Heinz während eines Elefantentreffens auf dem Nürburgring ziemlich unzufrieden herumlief. Als er spät abends, als die meisten Motorradfahrer schon wieder die Heimreise angetreten hatten, beim Nett-Wirt im Saal zwei englische Motorradfahrer traf, die bei einer alten Ariel einen Schaden an der elektrischen Anlage hatten, da sagte er erleichtert: »Nun wird es doch noch ein schönes Treffen. Jetzt gibt's doch noch etwas zum Schrauben.« Denn das Schlossern an den Motorrädern war neben dem Fahren seine große Leidenschaft.

Von früh morgens bis spät abends war der Heinz beschäftigt. Seine Hanna kochte den ganzen Tag Tee für viele Besucher, die »mal eben« nachsehen wollten, was denn der Heinz mache. Aber aus dem Zelt heraus kam sie keinen der vierzehn Tage. Da meinte sie: »Das war die erste und die letzte TT, die wir besucht haben.« Kann man es ihr verdenken? —

Die Monate gingen herum, und der Heinz erzählte immer und immer von seinen wunderschönen Erlebnissen auf der Isle of Man. Zum Beispiel, wie er vom Präsidenten des englischen BMW-Fahrer-Clubs beinahe Hiebe bekommen hätte, als er die BMW's als »farmers bikes« (»Bauern-Motorräder«) bezeichnete, selbst aber Hans-Otto Butenuths BMW-Rennmaschine betreute, mit der Hans-Otto dann beim Rennen der 500er Maschinen immerhin unter fast 70 Fahrern den 16. Platz belegte. Oder wie er von morgens bis abends schlossern und schrauben konnte. Nur

die Hanna wollte von der TT gar nichts mehr wissen.
Das Jahr ging herum und noch eines. Dann wurde es wieder Frühling, und wir trafen den Heinz und seine Hanna wieder einmal. Zaghaft erkundigten wir uns, ob es denn wieder eine Wallfahrt nach Mekka geben würde. Da lachten sie beide und sagten: »Die Schiffskarten haben wir schon gebucht.«
Aber richtig krank daran werden nur die, die mit ihrem Motorrad die weite Reise von Deutschland aus machen. Da kommen schnell 1500 km für einen Weg zusammen, und zweimal muß man über das große Wasser. Einmal von Ostende oder Calais nach Dover, und dann von Liverpool nach Douglas. Das Schiff von Liverpool nach Douglas gleicht dann etwa einem Truppentransporter, auf dem man ein Regiment Kradschützen verladen hat. In jeder Ecke des Schiffs, wo man überhaupt etwas hinstellen

kann, werden Motorräder verstaut. Will man vom einen zum anderen Ende kommen, muß man über Motorräder turnen. Oben auf den Decks drängen sich die Motorradfahrer in ihren Fahranzügen, die ja meist dunkle Färbung haben und sehr oft auch einheitlich aussehen. Im Hafen von Liverpool bildet sich vor den Kais um die Lagerhallen herum eine fast kilometerlange Schlange von wartenden Motorradfahrern, bis alles verladen ist. Kurz vor dem Schiff wird mit einer Handpumpe in ein großes

Benzinfaß jeder Tank leergepumpt, um den Feuer-Vorschriften zu genügen.

Da trafen wir eines Tages auf der Isle of Man einen deutschen Motorradfahrer, der uns berichtete, daß das englische Benzin eine schrecklich schlechte Brühe sei, obwohl ja die Engländer selbst sehr hilfsbereit und clever wären. »In Liverpool im Hafen«, so sagte er, »da haben die feinen Jungs mir den Tank meiner Maschine noch einmal *voll* gemacht. Übrigens den anderen Motorradfahrern auch. Klarer Fall, ein leerer Tank explodiert ja durch die darin befindlichen Gase viel eher als ein voller Tank, in dem sich kaum Gase befinden. Und deswegen machen die die Tanks wohl voll, um die Explosionsgefahr zu verringern. Aber als ich in Douglas ankam, da sprang das Ding nur ganz schlecht an. Kaum, daß ich bis hierhin gekommen bin.Und jetzt stottert der Motor und bleibt immer stehen.« Wir klärten ihn auf, was wirklich geschehen war. Als man den Schlauch in seinen Tank steckte und die Pumpe betätigte, da hatte er die Geschichte gerade verkehrt herum gesehen. Sein Tank war leer.

Etwa nach drei Stunden Fahrzeit taucht am Horizont bei gutem Wetter die Isle of Man auf. Dann stürzt die ganze Besatzung auf die Seite des Schiffes, auf der die Konturen der Insel zu sehen sind. Wenn es nicht die »Manxmaid«, sondern der alte »Manxman« ist, kriegt der Pott ganz schöne Schlagseite. Alle Ferngläser richten sich nach Mekka, und die Enthusiasten erzählen, was sie in ihren Gläsern an Land erkennen können. Auf dem ganzen Schiff macht sich die Vorfreude breit, und alles wird unruhig. In Douglas wird dann ausgeladen. Meist geschieht dies bei älteren Schiffen durch Kräne. Mehrere Maschinen werden angehakt, mit Schwung hochgezogen und an Land gesetzt. Auf dem Kai warten die Besitzer auf ihre Rösser, um sie in Empfang zu nehmen. Anschließend gibt es vier wichtige Dinge zu erledigen: erstens die Rückfahrt im Reederei-Büro am Kai sofort buchen, damit man nicht drei Tage auf einen freien Platz warten muß, wenn alles am Ende der TT-Woche auf einmal nach Hause fahren will. Zweitens tanken, sonst kommt man nicht mehr weit. Drittens Quartier suchen, wenn man nicht zelten will und kein Hotel- oder Pensionszimmer bestellte. Viertens zur Fairy-Bridge fahren und den Inselgruß aussprechen.

Die Fairy-Brücke, die »Feen«-Brücke, liegt zwischen Douglas und Castletown und geht über einen kleinen Zulauf zum Sanian-Burn-Bach bei der Bahnstation Santon. Und zwar genau wenige hundert Meter hinter der scharfen S-Kurve der Straße in Richtung Castletown. Wer sie nicht kennt, der übersieht sie zwischen den hohen Bäumen. Aber was ein richtiger Motorradfahrer und TT-Pilger ist, der kennt den Punkt genau. Nach der Sage wohnt hier unter der alten Brücke seit vielen hundert Jahren eine Fee, die demjenigen, der sie mit den Worten beim Überqueren der Brücke grüßt »Greetings to the Little Men«, nicht nur während des Insel-Aufenthaltes Glück verheißt, sondern den Motorradfahrern insbesondere Glück und Schutz für alle Tage verspricht, die sie auf Motorrädern verbringen. Wer zum ersten Mal zur Isle of Man kommt, der nimmt dort den Sturzhelm oder die Mütze ab und ruft laut »Greetings to the Little Men« (»Viele Grüße an die kleinen Männer!«). Das sind sozusagen die Hilfstruppen der guten Fee. TT-Oldtimers brauchen nicht anhalten, sie müssen die Brücke überqueren und die Hand grüßend an den Sturzhelm oder an die Mütze legen. Wer das jedoch einmal angefangen hat, der muß bei jedem TT-Besuch dort hin und darf bei keiner Brückenüberquerung den Gruß vergessen, sonst verläßt ihn sein Glück sofort.

Man kann sogar die Fahrer der zweistöckigen Linien-Omnibusse zwischen Douglas und Castletown beobachten, wie sie dort die Finger grüßend an ihre Mützen legen, und einige der Omnibus-Passagiere stehen auf und lüften sogar die Hüte. Klarer Fall, daß man natürlich nicht unter der Brücke nachsehen darf, um die schöne Fee zu sehen — dann hat man nur noch Unglück! Richard Clark aus Bristol, der schon mehr als zwanzig TT-Reisen unternahm, hatte am Lenker seiner 600-ccm-Einzylinder-Norton (für die Techniker: seitengesteuert, Magnetzündung, Baujahr vor dem Zweiten Weltkrieg, ca. 20 PS Motorleistung) einen Kurzschlußknopf. Das war der reguläre Knopf zum Unterbrechen der Zündung und zum Abstellen des Motors. Nach bewährter Manier fuhr er als erstes zur Fairy-Brücke. Dort nahm er einen schönen Anlauf, unterbrach mit dem Knopf die Zündung, ließ aber das Vollgas stehen und schob den Fingerhebel der Zündverstellung auf Spätzündung. Das Motorrad kam nun sozusagen »lautlos« pumpend ohne Zündung auf die Brücke losgeschossen.

Genau über der Brücke ließ Richard nun den Knopf wieder los — es gab einen Donnerschlag wie bei einem Kanonenschuß, und gleichzeitig schwenkte er seine alte Fahrmütze und schrie »Greetings to the Little Men«.

Einmal hatte er das Pech, daß ihm ein Bobby auf einem Fahrrad entgegenkam.

Richard wurde angesichts des Gesetzeshüters ein wenig blaß, aber sein Glück wäre natürlich vorbei gewesen, wenn er lautlos über die

Brücke gefahren wäre. So nahm er seinen ganzen Mut zusammen und fuhr stur mit Tempo weiter auf die Brücke zu. Er drückte den Knopf, verstellte den Zündhebel, rauschte weiter. Auf der Brücke ließ er den Knopf los — es gab eine donnernde Explosion, er schwenkte seine Mütze und schrie »Greetings to the Little Men«! Mit dem Finger hatte er schnell wieder den Zündhebel auf Frühzündung gestellt, aber bevor er weiterfuhr, veranlaßte ihn sein Gewissen doch, sich kurz umzublicken. Aber er sah keinen Bobby, denn der hatte vor Schreck Deckung an der Straßenböschung genommen. Nur der hohe Helm lag auf der Straße. Richard erschrak furchtbar und stoppte sofort. Dann drehte er um und fuhr zur Brücke zurück. Er kam gerade zurecht, wie der Sergeant sein Fahrrad wieder auf die Straße zog und seinen Helm aufhob. Der Wachtmeister sagte zuerst gar nichts und setzte sich den amtlichen Hut wieder auf, dann schaute er Richard mit hartem Blick und schmalen Augen an. »Bleiben Sie hier!« meinte er kurz und holte sein Notizbuch heraus. Dem Richard war äußerst unwohl in seiner Haut, und er begann schon zu rechnen, was die Strafe kosten würde. Der Bobby aber schrieb und schrieb und sah ihn dabei ab und zu mit gerunzelter Stirn an. Endlich war er fertig. Er riß den beschriebenen Zettel aus dem Notizbuch und gab ihn Richard.

»Verdammter Narr!« stand, ganz unenglisch zornig, auf dem Zettel. »Sie fahren sofort zur Polizeistation in Castletown und zahlen dort ein Pfund in die Kasse für die im Dienst verunglückten Polizeibeamten! Wenn ich nachher anfrage, und Sie waren nicht dort, dann wird Ihnen die gute Fee unter der Brücke Ihr Glück abstellen. Worauf Sie sich verlassen können. Das lassen Ihnen die kleinen Männer unter der Brücke ausrichten, die ich eben besuchen mußte, weil Sie sie so laut begrüßt haben!« »Und nun ab, aber schnell, ehe ich mir das anders überlege!« stieß der Sergeant noch aus und griff sein Fahrrad.

Diese Geschichte erfuhr ich einige Jahre später, als ich einen englischen Motorradfahrer hinter der S-Kurve am Straßenrand sah, der die Brücke, die noch einige hundert Meter vor uns lag, und die Straße nach Castletown mit einem Fernglas beobachtete. Es war Richard, der gerade angekommen war und der vor seiner Begrüßungszeremonie Ausschau hielt, ob auch nicht ein Bobby auf seinem Fahrrad in der Nähe war.

Wer jedoch auf der Fairy-Brücke eine schwanzlose Manx-Katze trifft, der gehört sozusagen zu den Glücklichsten dieser Welt, meinen alte TT-Besucher. Und so soll es auch Hans-Otto Butenuth gegangen sein, als er 1963 am Donnerstag der TT-Trainingswoche mit seiner 500-ccm-Norton, die er in jenem Jahr fuhr, gleich hinter Start und Ziel in der Senke von Bray Hill in Douglas bei voller Fahrt an die Kante des Bürgersteiges geriet, während er wegen eines Tankrisses kurz nach unten sah. Bei ca. 200 km/h flog die Maschine in die Gegend, und der Hans kam wie durch ein Wunder nur mit einem Unterschenkelbruch davon —! Er war ein Mann, so sagt man, der eine Manx-Katze auf der Fairy-Brücke sah (»Who saw the Fairy Cat!«). Er war der einzige, der bis dahin einen Sturz bei Bray Hill überlebte.

Es empfiehlt sich, auch als Journalist der guten Fee unter der Brücke bei Santon Halt den nötigen Gruß zu entbieten. 1961 standen wir kurz vor dem Rennen der 500-ccm-Maschinen an der Ballacraine-Ecke. Die Rennstrecke macht dort eine Biegung nach rechts um das Tor eines Bauernhofes herum, gegenüber liegt die Wirtschaft, durch deren Tür seit 1907 schon mancher Rennfahrer bis vor den Tresen gefahren ist, wenn es nicht mehr ganz langte, um die Ecke zu kommen. Die Straße selbst geht in der Hauptrichtung jedoch geradeaus nach St. Johns hinein. Diese Richtung bleibt beim Rennen offen, damit Fahrer, die die Kurve nicht kriegen, einen Auslauf geradeaus haben. Diese Gasse wird dafür vollkommen frei gehalten, etwa 200 m lang. Zum

Fotografieren kann man da gut stehen, weil man die ankommenden Fahrer bis in die Kurve hinein verfolgen kann.

Nachdem ich mir eine Position ausgesucht hatte, von der aus ich am besten schon in der ersten Runde das dann noch ziemlich dichte Fahrerfeld fotografieren könnte, legte ich an diese Stelle auf der vollkommen freien Straße meinen Belichtungsmesser als Markierung hin. Da kam der Bobby zu mir, der dort seit vielen Jahren bei der TT den Zuschauerverkehr regelt, und meinte, daß es doch schade um den Belichtungsmesser sei, denn der würde genau auf der Linie der Richtung liegen, in der die Fahrer den Auslauf benutzen würden, wenn sie die Kurve nicht bekämen. Er zog ein Stück Kreide aus der Tasche, das er vorher extra in der nahen Schule geholt hatte, nahm den Belichtungsmesser auf und malte an dessen Stelle ein weißes Kreuz auf die Straße.

Dann begann das Rennen, und ich postierte mich mit der Kamera in der vierten Runde auf die angekreuzte Stelle. Die Spitze des Fahrerfeldes, das in rasendem Tempo über die nicht gerade ebene Strecke von Greeba her ankam, wurde in meinem Sucher immer größer. Gary Hocking auf der Vierzylinder-MV-Agusta führte vor Mike Hailwood, der eine Norton fuhr. Hocking wurde im Sucher immer größer — er sollte noch näher kommen — und noch näher — warum schwenkte er die Maschine nicht in die Kurve? — Und da — konnte ich gerade noch auf- und wegspringen, denn er hatte genauen Kurs auf meine mit der Kreide angekreuzte Position. Schon war er vorbei, während die nachfolgenden Fahrer um die Kurve nach Ballig Bridge weiter stürmten.

Hocking bremste die MV ab, drehte weiter hinten in St. Johns wieder um und kam zurück, um wieder auf die Strecke zu gehen. Einen Moment hielt er an der Wirtshausecke bei mir an und sagte: »Sorry, Sir! Transmission trouble!« (»Verzeihen Sie! Getriebe-Schwierigkeiten!«) Dann sauste er davon, überholte alle anderen Fahrer nach und nach wieder (seine schnellste Runde war über

164 km/h Durchschnitt!), bekam dann aber noch einmal Ärger mit dem Getriebe seiner Maschine und gab in der vorletzten Runde mit Schaltgabelbruch und gerissenem Gasseilzug auf. Hailwood gewann.

Nach dem Rennen kam der Bobby zu mir: »Sie haben wohl eine Manx-Katze auf der Fairy-Brücke gesehen? Aber Hocking bestimmt nicht.« Übrigens: um die 60 km lange Rennstrecke stehen nur 37 Polizisten, und sie sind alle so höflich und hilfsbereit wie unser Bobby von Ballacrain! So etwas ist in dieser Form anderswo undenkbar. Und passieren tut nichts. Noch nie ist bei der TT ein Zuschauer während der Rennen zu Schaden gekommen, obwohl man unmittelbar an der Straße auf Mauern, in Gärten oder auf dem Bürgersteig hockt. Aber — noch Wochen nach der TT träume ich, daß ich auf der Mauer bei Signpost Corner sitze und die Füsse hochziehe, wenn einer der Fahrer scharf am Mauerrand vorbeizischt.

Moby Dick

»Es lebe die freie Insel Man« heißt der Wahlspruch der Manx-Leute. So ist es aber auch. Früher war sogar der Sonntag vor dem Rennen (montags starten immer die ersten beiden Klassen — 250 ccm und dann die Seitenwagen) ein freier Sonntag auf der Rennstrecke. Da konnte dann jeder einmal probieren, wenn er auch kein Rennfahrer und Teilnehmer am Rennen war, wie er mit seinem Motorrad auf diesem Kurs klar käme. Es war Einbahnverkehr, und die Hauptzufahrtswege waren sogar abgesperrt. Da saßen dann die Motorrad-Enthusiasten rund herum wie beim Rennen und sahen den Amateuren zu, die mit ihren Alltags-Motorrädern auch einmal ein Stanley Woods, ein John Surtees, ein Mike Hailwood sein wollten. Heute gibt es diesen »freien Sonntag« nicht mehr, aber das Fahren um den TT-Kurs gehört nach wie vor zu einem Besuch der Isle of Man.
Es gibt große Enthusiasten, und bei dieser Gelegenheit lernten wir den sogenannten klassischen, alten englischen Motorradfahrer genauer kennen. Da war z. B. einer, den ich in diesem Buch Opa Applebee nennen möchte, mit Linda, seiner Frau. Zu diesem Paar gehörte eine Brough-Superior Maschine mit einem Spezial 1123 ccm Jap-Motor. Die Brough-Superior war vor dem Zweiten Weltkrieg und noch danach etwas ganz Besonderes und wurde auch nur von einer Elite gefahren. Sie kostete unheimlich viel Geld, und es wurden z. T. unter anderem nur ausgesuchte Jap-Motoren mit zwei Amal-TT-Spezialvergasern eingebaut. Dieser Motor in Opa Applebees Maschine war ein sogenannter »Jap-

Racing«, der bei einer Verdichtung von 8,5 eine Leistung von ca. 58 PS hergab. Er hatte zwei Zylinder, die in V-Form zueinander standen, und war längs im Rahmen eingebaut. Über die Jahre hatte Opa, der etwa 72 Jahre alt war, als wir ihn kennenlernten, seine Maschine äußerlich in einer imponierenden Kondition erhalten, und neben der berühmten Brough-Vorderradgabel hatte er die beiden Auspuffrohre mit den noch berühmteren Brooklands-Schalldämpfern ausgerüstet, die aussahen wie riesige Fischflossen. Daher nannte er seinen Renner nach der Geschichte des Walfisches »Moby Dick«.

Seit seiner Jugend war Opa Applebee jedes Jahr zur TT gefahren und kannte sich auf dem Kurs sehr gut aus. Ohne TT-Besuch konnte er nicht leben. Er war in der ganzen Welt mit seiner Maschine herumgekommen, aber der Höhepunkt des Jahres war die TT geblieben. Wie ein Kind freute er sich auf diesen einen freien Sonntag und jede andere Gelegenheit, mit Moby Dick und Linda, seiner Frau als Sozia, um die Ecken der Isle of Man zu stauben. Andere TT-Besucher, die ihn seit Jahren kannten, warteten schon immer darauf, daß er irgendwo auftauchte. Denn er fuhr einen hocheleganten Stil und war mit seiner fast fünfunddreißig Jahre alten Maschine ein toll schneller Vertreter der edlen Zunft.

Einen Kickstarter hatte Moby Dick auf der Isle of Man nicht. Auch der Scheinwerfer wurde für die Dauer des TT-Aufenthaltes abmontiert. Ein Motorrad während der TT-Woche anzutreten, das hieße in den Augen Opa Applebees einen schweren faux pas begehen. Hatte man jemals einen der TT-Großen ein Motorrad antreten sehen? Na also!

So wurde die Maschine mit eingelegtem zweiten Gang so weit zurückgeschoben, bis einer der Kolben über den oberen Totpunkt hinweg war. Oma ging einige Meter voraus, und dann machte Opa drei oder vier schnelle Sätze und ließ die Kupplung los. Mit jedem machte er eine Wette in unbegrenzter Höhe, daß der höherverdichtete Motor sofort ansprang. Und er gewann immer. Mir erzählte einer, daß er mit diesen Wetten und seinem dabei aufgesetzten Pokergesicht so ungefähr seine ganzen TT-Ferien finanzierte.

Der Motor ballerte augenblicklich unter entsprechender Geräuschentwicklung los, und Opa jumpte flink in den Sattel. Er

hielt noch einmal kurz an, damit Oma aufsitzen konnte, und dann machte er Feuer unter den Kesseln. Mit einem unvorstellbaren Krach und einer ebenso unvorstellbaren Wucht schoß er davon, und auf der abendlichen Promenade in Douglas blieben die Leute stehen und schauten. War ein alter TT-Kenner darunter, dann lachte der und sagte: »Nun wird Moby Dick wieder Rekorde brechen.«

Man mußte dieses Trio nur sehen. Vielleicht bei der Ballaugh Brücke, bei Ramsey Hairpin oder in den Bergen bei Bungalow. Opa in einem alten vergilbten und verschlissenen Fahrmantel aus einer Art Segeltuchstoff, einen roten Schal um den Hals, eine grob karierte Sportmütze auf dem Kopf, aber den Schirm nach hinten gedreht. Dazu eine Fliegerbrille auf der Nase. Oma die weißen Haare unter einer kleinen schwarzen Baskenmütze versteckt, einen Hosenrock an, wie er früher mal modern war, eine bunt karierte Schottenstoff-Jacke an, ihre Arme um Opas Brust gelegt und eng an ihn angeschmiegt, den Kopf seitlich gedreht, um auch richtige Tuchfühlung zu haben. Beide Gesichter hatte der Fahrwind mit den Jahren mit vielen lustigen Runzeln und Fältchen versehen, und über Opas schmalem Mund prangte ein weißer Royal-Air-Force-Bart. Stolz erzählte er, daß er im Ersten Weltkrieg Flieger gewesen sei.

Die Schalldämpfer, diese gewaltigen Brooklands-Fischschwänze (in früheren Zeiten hatten Maschinen, die auf der Brooklands-Bahn bei London fuhren, solche Schalldämpfer — daher der Name), waren hoch gelegt, damit sie nicht lt. Opa Applebee »in jeder Kurve auf dem Boden kratzen«. Sollte Oma eben aufpassen, daß sie ihre Nylons nicht anschmorte! Und so fuhr der hoch dekorierte Weltkriegs-I-Flieger mit seiner alten Brough um die Ecken, daß kein Auge trocken blieb. Seine Spezialität war die enge Haarnadelkurve hinter der Stadt Ramsey beim dortigen Wasserwerk an der Steigung hinauf in die Berge. Dort saßen auch meist alle seine Freunde, die nur darauf warteten, Moby Dicks Schaustellung zu erleben.

Man hörte den Ton der gewaltigen Zweizylinder-Maschine oben am Berg schon, wenn Opa damit weit unten in Ramsey einfuhr und über den Parliament Square donnerte, den großen Platz in Ortsmitte, auf dem die berühmte Laterne steht, die es zu umfahren gilt und die schon die ersten TT-Rennen sah. Das war eine Ecke für den zweiten Gang mit etwas schleifender Kupplung. Man hörte genau, wie Opa das Gas wegnahm, mit Zwischengas schaltete und den Motor wieder beschleunigte. Dann raste er aus Ramsey heraus den Berg hinauf.

Alles reckte die Hälse, und dann sah man schon an den winkenden Schlachtenbummlern, daß Opa auf die Haarnadelkurve losging. Er fuhr sie im dritten Gang an und schaltete an dieser Stelle nur, indem er kurz den Kurzschlußknopf betätigte, um den Motor von Drehzahl kommen zu lassen und den zweiten Gang einzulegen. Das ging unheimlich schnell, und niemals machte er einen Fehler dabei. Immer an dem gleichen Holunderstrauch schaltete er das erste Mal herunter in den zweiten Gang, immer an dem gleichen Stein der Randbefestigung etwas weiter schaltete er blitzschnell in den ersten Gang zurück. Von ganz außen fuhr er die Kurve an, stach in unheimlicher Schräglage durch den Scheitelpunkt, ließ sich mit schleifender Kupplung nach außen tragen und gab im Kurvenausgang schon wieder Vollgas, daß Moby Dick mit dem Vorderrad die Bodenberührung kurz verlor. Das Getriebe der Maschine war so abgestuft, daß der erste Gang bis etwa 90 km/h reichte, der dritte Gang bis etwa 174 km/h, der vierte Gang bis 185 km/h.

Auf seine gefahrene Spur konnte man ein Streichholz legen, in der nächsten Runde fuhr er haargenau den gleichen Strich und hätte das Streichholz todsicher berührt. Dabei saß Oma wie angegossen hinter ihm auf der Maschine und lachte den Beobachtern bei Ramsey fröhlich zu. Sie brausten in die Berge hinein, und das Echo donnerte dort noch ein paar Mal die Höhenzüge entlang. Zurück in Douglas schaute er auf seine Uhr. War seine Zeit länger als 40 Minuten, was ungefähr einen Durchschnitt von 90 km/h bedeutet, dann schüttelte er unwillig sein Haupt, und an dem Tag war nicht gut Kirschen essen mit ihm. »War wieder so ein verflixtes Greenhorn vor mir, an dem ich nicht vorbeikam. Diese jungen Kerle lernen heute ja gar nicht mehr richtig Motorrad fahren. Wenn ich schon so einen mit einer BMW daher wakkeln sehe.« Und dann waren es die »bösen BMWs« gewesen, die er nicht überholen konnte, weil sie so »wackeln«. Opa hatte bei Nichterfüllung seines »Solls« Ärger auf alles und jedes, aber BMW-Fahrer waren dann besonders arg dran. »Mit so einem unmöglich quer laufenden Motor kann man doch nicht schnell fahren. Die Dinger gehen nicht kaputt — aber fahren tun sie auch nicht.« Daß Georg Meier 1939 auf so einem »Ding« die Senior-

TT gewann, das hatte Opa noch immer nicht verwinden können. Und er meinte nur, er möchte mal wissen, ob der »Schörsch« mit 72 Jahren auch noch auf einer BMW mit 90 Durchschnitt um den TT-Kurs fahren könnte.

Wenn er aber unter 40 Minuten geblieben war, und es gibt Legenden, die ihm einen 70-Meilen-Schnitt (= mehr als 110 Stundenkilometer) andichten, dann war Opa obenauf. Er ließ sich ruhig ein Zeitungsblatt unter die Maschine legen, damit alle sehen konnten, daß Moby Dick keine Ölsardine, sondern ein wohlgepflegtes Reittier sei, das kein Öl herausschwitzte oder abtropfte. Er wartete auf einen, der mit ihm die Wette einging, daß der Motor sofort beim Anschieben anspringen würde, und er sagte: »Boys, that was Richthofens Circus!« (Eine Anspielung auf die Luftkämpfe im ersten Weltkrieg, die von Deutschlands erfolgreichstem Jagdflieger Freiherr von Richthofen und dessen Kameraden wegen der engen Kurbelei und der Kunstflugtricks »Zirkus« genannt wurden!) Oma sagte dazu nicht viel, sie lächelte nur und steckte sich eine kleine braune — Zigarre an. Niemals haben wir Moby Dick in Fahrt gesehen, wenn Oma und Opa Applebee nicht beide zusammen auf ihrer Rakete saßen. War das Motorrad irgendwo geparkt, dann waren die beiden nicht weit. Meist saßen sie irgendwo in der Nähe und hörten zu, was die Beschauer der Maschine sagten. Kam ein junger Mensch und blieb kopfschüttelnd vor Moby Dick stehen, dann schlenderte Opa wie von ungefähr scheinbar unbeteiligt zu ihm hin. Seine Mütze hatte er in die Manteltasche gesteckt, damit man nicht ahnen konnte, daß er vielleicht der Fahrer war.

»Was meinen Sie«, sprach er den jungen Mann an, »ist das nicht ein verrücktes Ding?« »Indeed«, sagte der andere vielleicht, »ein blödsinniges Vehikel. Sowas ist lebensgefährlich und sollte aus dem Verkehr gezogen werden. Möchte wissen, welcher Spinner damit herumgondelt. Darauf traute ich mich keine Meile zu fahren.« Dann grinste Opa gern und setzte seine Mütze auf, winkte Oma herzu und sagte: »Sie haben recht, junger Mann. Es ist lebensgefährlich. Für Kerls wie Sie. Und Ihnen sollte man so ein Feuerzeug unterm Hintern rausziehen, wenn Sie nur wagen würden, es zu besteigen. Außerdem sind Sie viel zu jung dazu. Dafür müssen Sie erst mal reifer werden und so alt wie ich.« Dann schob er den Donnervogel an und startete.

Wie man sieht, haben alte Motorradfahrer oft eine verkniffene Bissigkeit an sich, aber meist mit humorigem Anstrich. So kannte ich einen, den man allgemein »Graf Jonny« nannte. Der gehört auch zu dieser Kategorie, in die Opa Applebee eingestuft werden muß. Nur war Graf Jonny eine Menge Jahre jünger, so um die 50 herum, war von gewaltiger Statur und trug einen martialischen Vollbart. Übrigens war er auch ein echter Graf, aber das störte seine Motorradleidenschaft wenig. Er hatte viele Motorräder besessen, und als ich ihn näher kennenlernte, da gab es neben imposanten Autos eine BSA-Lightning 650 ccm und eine zuverlässige Harley-Davidson 1200 ccm FL 74, Baujahr 1965, in seinem Fuhrpark. Mit der Harley fuhr er besonders gern herum, und die paßte ja auch zu ihm sehr gut. An den Autobahnparkplätzen gab es natürlich sehr oft staunende und erschauernde Gesichter, wenn er mit diesem schweren Dampfer aufkreuzte. Da kam er mal in eine Tankstelle, und ein Wagenfahrer ging mit erschrokkenen Augen um die Harley herum. Wie viele andere Beschauer fragte er: »Was geht denn die?« Jonny sagte mit todernstem Gesicht kaltlächelnd: »250 km/h!« Das Staunen wurde immer größer, und dann kam die nächste Frage: »Gestatten Sie, und wie alt sind Sie?« Sagte Jonny, ohne mit der Wimper zu zucken: »82 Jahre!« Da drehte sich der Mann zu den anderen Leuten um, die sich inzwischen angesammelt hatten, und sagte: »Nun sehen Sie mal — der alte Mann —!« »Wie haben Sie das nur geschafft?«, fragte er Jonny weiter. Der setzte sich in den Sattel seiner Harley und ließ den Motor an. Dann sagte er: »Och, das ist ganz einfach. Hab' mich immer nur mit kaltem Wasser ohne Seife gewaschen —!«

Auf der Promenade von Douglas trifft man Männer dieser Art abends nach einem TT-Tag nicht nur in einem Exemplar. Nicht nur Opa Applebee ist dort zu erleben. Sie stehen lange diskutierend vor blitzsauberen Maschinen, denen man ihr Alter aus der Zeit zwischen 1930 und 1940 oftmals gar nicht ansieht. Nur ein Eingeweihter wird die Markennamen kennen, die da auf den Tanks prangen, und die es heute nicht mehr gibt. »Rudge«, »Scott«, »Royal-Enfield«, »Brough-Superior«, »Ariel«, »Sunbeam« und so weiter. Die meist älteren Fahrer dieser Modelle sind fast durchweg der Ansicht, daß heutzutage keine so guten Motorräder mehr gebaut werden, und daß es heute keine so »echten« Motorradfahrer mehr gibt wie zu ihrer Zeit. Die alten Hasen lachen über die Cowboy-Fransen, den Chromschmalz und das Pin-up-Gepapp, was man manchmal an Motorrädern und Mopeds junger Leute unserer Zeit sehen kann. Es ist ihnen ein Greuel. Ein Motorrad hat ohne diesen Firlefanz schön zu sein.

Es wird aber so sein, daß die heute noch jungen Motorradfahrer in dreißig Jahren von der dann mit Motorrädern herumfahrenden Jugend ähnlich sprechen, weil sie den Chromschmalz ihrer Jugend längst vergessen haben. Das ist von Generation zu Generation bisher nicht anders gewesen. Jeder hat als Greenhorn angefangen und dann die Weisheit des Alters empfangen. Nur das äußere Bild der Motorräder ist in den letzten 60 oder 70 Jahren im Grunde genommen immer gleich geblieben. Es wird sich auch kaum mehr in seinen Grundzügen ändern. So wenig wie sich zum Beispiel — und das ist auch wieder einmalig — die TT-Strecke seit dem Jahre 1911 wesentlich geändert hat.

Als ein Milchwagen die TT gewann

Man könnte ja sagen, daß der Besuch der Isle of Man während der Rennen mit dem Flugzeug London—Castletown (Douglas) nicht nur viel schneller, sondern auch bequemer sei. Ja, daß die Flugpassage und der Aufenthalt nicht viel mehr Geld kostet als eine 3000 km lange Motorrad-Reise, die mit dem Aufenthalt dort doch 14 Tage in Anspruch nimmt. Aber dafür bringen Motorradfahrer kaum Verständnis auf, denn was soll man auf der Insel an den Tagen zwischen den Rennen machen, wie soll man die Rennen selbst richtig erleben, ohne ein Motorrad zum Fahren zu haben? Man kann nämlich auf den kleinen schmalen Straßen und Wegen im Inneren, oder außen herum auf den Küstenverbindungen, während der Rennen von der einen zur anderen Streckenstelle fahren und die Rennfahrer an verschiedenen Orten beobachten. Auch bietet die Insel allerhand landschaftliche Schönheiten und sehenswerte Dinge. Das aber allein ist es nicht: das eigene Fahr- und Reiseerlebnis auf einem Motorrad gehört zu einem TT-Besuch einfach dazu, wie zum Meer ein Schiff gehört.

Denn, so sagen die Motorradfahrer, man kann das alles nur mit der gebotenen Freiheit eines Motorrades auskosten.

Die Rennfahrer wohnen meist in der Stadt Douglas, die Mechaniker der Fabrikrennställe haben sich in den Garagen, Tankstellen und Werkstätten der Stadt etabliert. Fast in jeder Straße und an jedem Platz ist so ein Domizil. Zum Training oder zum Rennen fährt man mit den Rennmotorrädern durch die Stadt zum Startplatz oben in der Glencrutchery Road. Die Leute von

Douglas kennen das und haben sich darauf eingestellt. Das Training in der Trainingswoche beginnt schon morgens um 4.45 Uhr, ist jedoch um 7.15 Uhr beendet. Dann geht es abends um 18.30 bis 21.00 Uhr noch einmal los. Ansonsten ist die TT-Strecke frei für den normalen Verkehr. Erst seit 1928 wird sie für das Training abgesperrt. Trotzdem müssen die Fahrer früh morgens aufpassen, daß ihnen nicht doch einmal ein Milchwagen entgegen kommt, oder daß der Brötchenjunge oder die Zeitungsfrau über die Straße springen. Aber die Leute haben gute Ohren, und eine Rennmaschine ist ja schon von weitem zu hören.

Viele Rennfahrer haben neben ihrer Rennmaschine noch ein normales Motorrad dabei, mit dem sie dann in den übrigen Stunden eifrig immer wieder die 60 km abfahren, um nur ja jede Ecke genau zu studieren. Der unvergessene Moto Guzzi-Fahrer Fergus Anderson kannte die TT-Strecke auf diese Weise so gut, daß er sogar bei Nebel noch ziemlich sicher war. Von markanten Streckenstellen ab zählte er die Sekunden langsam herunter, und er wußte dann, daß bei entsprechender Drehzahl in einem bestimmten Gang bei 6, 7 oder 8 die oder jene Kurve aus dem Nebel auftauchen mußte. Meist stimmte es. Einmal kam er aus einer Runde später als sonst zurück. Es war sehr früh morgens beim Training, es war ein wenig regnerisch und in den Bergen lag etwas Nebel. »Habe den Milchmann mit seinem weißen Kittel in Sulby für den weißen Eckpfosten des Hotels gehalten. Bei 9 bin ich dann nach links außen, um rechts über die Sulby-Brücke zu fahren. Da war aber gottseidank eine offene Park-Einfahrt. Die Sulby-Brücke kam erst später.«

Einmal gewann ein Milchwagen beim Training zur TT eine Runde vor einem der besten Motorradfahrer, die es gab. Das soll Heiner Fleischmann beim Training zur Tourist-Trophy 1939 gewesen sein. Er fuhr eine DKW 350 ccm mit einem wassergekühlten Zweizylinder-Zweitaktmotor, dessen Leistung noch durch eine Ladepumpe erhöht wurde. Die Motoren dieser Maschinen hatten einen unglaublich stechenden, lauten und hohen Ton, und die Motorräder galten in ihrer Klasse als kaum schlagbar, denn sie waren sehr schnell. Der Kraftstoff-Verbrauch beim Rennen auf der Isle of Man betrug etwa 15 Liter auf 100 km (das ist heute der Normverbrauch für einen 2-Liter-Wagenmotor!). Für die mehr als 420 km (7 Runden) des Rennens waren mehr als 60 Liter notwendig. Obwohl man einen besonders großen Tank montiert hatte, mußte während des Rennens nachgetankt werden. Durch den großen Tank und die Wasserkühlung sah das Motorrad auch entsprechend gewaltig aus.

Der Heiner kam also mit seiner Maschine in wahnsinnigem Tempo am frühen Morgen kurz vor Douglas am Ende einer Runde bei Cronk-ny-Mona durch eine sehr schnelle Linkskurve, die über eine etwas lang gezogene Kuppe geht. Als er in entsprechender Schräglage über den Hügel schoß und die Abfahrt nach Signpost Corner vor sich hatte, einer Rechtskurve in Richtung Governor's Bridge, sah er in der Zufahrtstraße an der Ecke von Signpost einen Milchwagen stehen, der mit einem braunen Pferd bespannt war. Der Milchmann saß auf dem Seitenbrett und schaute offensichtlich im Vertrauen auf die Gutmütigkeit seines Rosses den vorbeifahrenden Motorradfahrern zu. Vielleicht wartete er auch auf eine Lücke, um schnell mit seinem Wagen über die Straße kreuzen zu können. Die Pferde der Isle of Man waren den Krach der Motorräder gewöhnt und erstaunlich friedfertig, wie man das auch heute noch bei den Trabern der Pferdebahn in Douglas staunend beobachten kann. Denen kann man direkt vor der Nase mit einem Donnervogel vorbeikrachen — sie unterbrechen ihre gleichförmig trabende Gangart keine Sekunde und schütteln nicht einmal mit dem Kopf. Das sind halt Motorrad-Pferde dort.

Der hohe und stechende, überaus unangenehme und kreischende

Ton der DKW aber muß diesem Roß denn doch unheimlich gewesen sein. Oder es hatte etwas gegen die damals selteneren Zweitakt-Rennmaschinen. Dazu kam auch wohl das wuchtige Aussehen und die hohe Geschwindigkeit der Maschine. Ehe es sich der Heiner und der Milchkutscher versahen, warf der Gaul den Kopf hoch, daß sein Herr die Zügel verlor und sprintete mit dem seitlich wegschleudernden Wagen wie eine Rakete auf die Rennstrecke. Der arme Milchonkel flog in hohem Bogen von seinem Brett herunter.

Fleischmann bremste seine Rakete wie ein Wahnsinniger herunter, und es gelang ihm, sein Tempo so weit zu reduzieren, daß er nicht in den Wagen hineinkrachte. Dieser aber war nun vor ihm, und der so müde scheinende alte Gaul entpuppte sich plötzlich als ein echtes Grand Prix-Pferd, das scheinbar vergessen hatte, daß es einen schleudernden Milchwagen hinter sich her zog. In vollem Galopp, den Hals weit vorgestreckt, die Ohren angelegt, raste es mit fliegenden Hufen die hier sehr enge Straße nach Douglas und Governor's Bridge hinunter, als sei ein Rudel wilder Wölfe hinter ihm her. Fleischmann kam nicht vorbei, denn wenn er auf die rechte Straßenseite ging, weil der schleudernde Wagen nach links geriet, dann wechselte auch der Gaul die Straßenseite und steuerte wieder vor die Maschine. Es war zum Heulen.

Nun war das natürlich für eine Rennmaschine kein besonders hohes Tempo. Vielleicht erreichte das Pferd mit dem Wagen geradezu 40 km/h. Und so war Heiner gezwungen, immer wieder auszukuppeln und den Motor hochdrehen zu lassen, damit ihm die Renn-Zündkerzen nicht verölten. Außerdem begann es ganz schön nach einer rutschenden und glühend heißen Kupplung zu stinken. Da der Milchwagen aber auch seitlich ganz schöne Ausschläge bei der Schleuderei machte und es so aussah, daß er über kurz oder lang umkippen würde, war ein Überholen mehr als riskant. Immer wieder machte Fleischmann einen Ansatz, vorbei zu kommen, aber immer wieder schlug ihn das wilde Gefährt ab. Durch das kreischende Aufheulen des DKW-Motors wurde das Pferd natürlich beileibe nicht ruhiger, sondern eher immer verrückter, und inzwischen hatten sich noch zwei andere nicht gerade leise Rennmaschinen hinter Heiner und seiner »Konkurrenz« angesammelt. So rumpelte und donnerte die erschreckend anzublickende Kavalkade nach Douglas hinein. Und als die ersten Milchflaschen auf die Straße flogen und zerplatzten, da hielten es die Motorradfahrer allesamt für angebracht, ein wenig Abstand zu halten. »Das sind aber komische Sportregeln«, meinte der englische Benelli-Fahrer Mellors.

Spätestens bei Governor's Bridge würde der Gaul mit seinem Wagen ja geradeaus zur Victoria Road preschen, während die Motorradfahrer rechts herum um eine sehr scharfe Ecke in die Schikane hineinfahren mußten, die einen kleinen Bogen um eine hohe parkähnliche Baumgruppe macht und dann in die Glencrutchery Road zur Ziellinie einmündet. Doch es kam anders. Das wilde Pferd raste zwar geradeaus an der Governor's Bridge Schikane vorbei, blieb aber in »Renn-Richtung« und sauste zur Glencrutchery Road. Der wütende Zossen scheuchte alles vor sich von der Straße, was sich ihm entgegenstellen wollte, und war nicht aufzuhalten. Als Fleischmann aus der Governors Schikane herauskam und glaubte, endlich das Hindernis losgeworden zu sein, da hatte er den Karren wieder vor sich, und das Spiel ging weiter. »Milk is Champion« heißt der Werbeslogan der Isle of Man Milk Marketing Board. Obwohl die Straße jetzt sehr breit wurde, war es weiterhin riskant, den rasenden Milchwagen zu überholen. Aber es waren nur noch ein paar hundert Meter bis zur Ziellinie, und dort würde die Qual zu Ende sein.

So kam es, daß ein Milchwagen eine TT-Runde gewann und vor der Motorrad-Konkurrenz über die Ziellinie donnerte. Der zit-

ternde und schwitzende Gaul wurde endlich von einem beherzten Bobby an der großen Kreuzung von Bray Hill angehalten, beruhigt und in die Seitenstraße geführt. Es war ein Glück, daß der Wagen nicht umgestürzt war, Heiner war jedoch der Auffassung, daß der Milchwagen das Rennen nicht gewonnen hätte, weil er entgegen der Regeln bei Governor's Bridge die Rennstrecke verlassen und mit Flaschen geworfen hätte. Er gehöre disqualifiziert.

*

Am Ende der hier erzählten TT-Geschichten (es gibt ihrer noch viele, viele, aber es ist unmöglich, sie hier alle aufzuzählen) sollte man noch ein paar wichtige Dinge erwähnen, die das Fluidum und den besonderen Reiz für einen Motorradfahrer ausmachen. Die Art der Rennen selbst muß man zum Beispiel kennen. Auf der 60 km langen Rundstrecke kann man so viele Fahrer fahren lassen, wie man will. Da gibt es keine Stauungen. So starten in manchen Klassen bis zu 90 und mehr Teilnehmer. Diese werden aber nicht alle auf einmal losgelassen, sondern — je nach Zahl — werden sie paarweise nacheinander in Abständen von 10 bis 20 Sekunden gestartet. Die aussichtsreichen Bewerber um den Titel eines Weltmeisters starten zuerst. Die Startnummern geben auch die Startreihenfolge an. So kann man genau beobachten, welcher Fahrer gut und welcher ein schlechtes Rennen fährt. Wenn nämlich zum Beispiel die Nummer 36 plötzlich hinter der Nummer

27 auftaucht, dann heißt das, daß 36 bereits acht Fahrer überholt hat oder daß die Nummer 27 zurückgefallen ist. Auf diese Weise ist bis zum letzten vorbeikommenden Motorrad Spannung im Geschehen, so daß man nicht nur auf die Spitzenfahrer achtet. Daher finden wir bei der TT eine besonders große Zahl von Privatfahrern und Amateuren, deren Maschinenmaterial nicht weniger interessant und meist ziemlich gleich stark ist, so daß eigentlich in dieser Gruppe nur das persönliche Können entscheidet. Ein 10. oder 20. Platz bei 90 Bewerbern ist als Privatfahrer ein hervorragendes Zeugnis. Es kommt infolge der Streckenschwierigkeiten auch bei der TT immer wieder vor, daß Privatfahrer sogar hochdotierte und erfahrene Weltklasse-Fabrikfahrer distanzieren.

Des weiteren ist die Strecken-Charakteristik einmalig. Denn es ist — wie schon mehrfach erwähnt — eine ganz normale Landstraße ohne präparierte Oberfläche oder entschärfte Schwierigkeiten, die auch mitten durch Ortschaften und Städte geht. Rund um diesen Kurs sieht man keine 40 Polizisten, die Zufahrtswege sind lediglich durch Taue gesperrt, die quer über eine solche Straße gespannt werden. Zuschauer, Schlachtenbummler und Funktionäre sitzen auf den Begrenzungsmauern, in den Vorgärten oder Fenstern der Häuser und dicht an der Strecke. Man kann auf allen Wegen während des Rennens den Beobachtungspunkt wechseln. Ein Eintrittsgeld wird nicht erhoben, denn jeder, der die TT besucht, läßt eben doch Geld auf der Insel, und das kommt den Inselleuten zugute.

Die Bevölkerung ist sehr gastfreundlich, in den Straßen der Städte parken lange Reihen von Motorrädern vor den Pensionen und Hotels. Das Motorrad und der Motorradfahrer beherrschen das Bild. Während der TT-Trainings- und Rennwoche erscheint eine eigene Motorradfahrer-Tageszeitung, »TT-Spezial«, und Radio Douglas sendet fast nur Themen, die sich um Motorradrennen, die Tourist-Trophy, Motorrad-Technik, Motorrad-Fahrer usw. drehen. Auch das ist einmalig in der Geschichte des Sports.

Auf den Straßen kann man überall frei mit Motorrädern fahren, man kann an vielen Plätzen der Insel ohne Entgelt frei zelten, und die jungen Menschen finden dort eine herrliche freie Welt, in der man als Motorradfahrer Held des Tages ist. »Ellen Vannin syr dy bragh« — es lebe die freie Insel Man!

Der Donner-Saurier

Ja, Leute, da gab es mal um 1953 herum ein Motorrad, das war ein abenteuerliches Ding. Ein 500-ccm-Einzylinder-Motor mit 80 mm Bohrung und 99 mm Kolbenhub. Leistung etwa 22 PS bei 5200 U/min. Ein Trumm von mehr als 210 Kilos mit vollem Tank. Der Motor war ein Viertakter mit hängenden Ventilen, seine Konstruktion ging auf ein Grundmodell aus den ersten dreißiger Jahren zurück. Die Maschine wurde von NSU unter der Typenbezeichnung »Konsul« gebaut. Die Höchstgeschwindigkeit wurde mit 118 km/h angegeben, aber der Motor hatte besonders im unteren Drehbereich mächtig viel Mumm, weshalb man ihn sehr oft in einem Seitenwagen-Gespann sah. Eines Tages gab es für diesen Eisenhaufen einen Umbausatz, damit den Leuten, denen es im Handgelenk juckte, auch noch ein paar PS mehr zur Verfügung standen. Allerdings: diese Handgelenke mußten schon von einem entsprechenden Durchmesser sein, wollte man den Saurier, den wild gemachten, dann noch auf unruhigen Straßen an den Zügeln behalten. Mit diesem Umbausatz verwandelte man den Donnervogel in einen Donner-Saurier. Zu dem »Renn«-Baukasten gehörten ein Leichtmetall-Zylinderkopf mit großer Verrippung und nur einem Auspuffrohr, Ventile mit größerem Durchmesser, offene Haarnadel-Ventilfedern, Renn-Nockenwelle, ein Ofenrohr von Ansaugstutzen mit einem Durchmesser von 32 mm, an dessen langem Ende ein astreiner und echter Amal-TT-Vergaser mit querliegendem Schiebergehäuse saß. Der Leichtmetall-Zylinder hatte eine Laufbuchse aus Alfin-Verbundguß. Nun kamen glatt 11 gute PS mehr aus diesem Ofen! Und die Drehzahl erhöhte sich nur um 800 U/min.

Das hatten sich die Neckarsulmer wohl ausgedacht, um dem Leistungsniveau der 500er Konkurrenz-Maschinen zu entsprechen. Aber dieser Dampfhammer mit seinem 99-mm-Kolbenhub — schauen Sie sich das mal auf einem Zollstock an! Das war ein Vibrator und ein vorsintflutlich anmutendes Gebilde, daß selbst alte Reiter eine Gänsehaut bekamen. Und trotzdem — ich kannte einen, der war so neugierig und fasziniert von dem Ton und von der Bullenkraft, daß er sein Glück damit probieren mußte. Der fühlte sich geradezu von diesem Bullen herausgefordert, die Probe zu machen, ob er ihn reiten könne oder nicht. Dabei war Ernst-August alles andere als ein Preis-Ringer oder ein Catcher. Aber er war unerhört mutig, und so bestellte er beim Werk diesen Männertraum — seine Braut sagte »männermordende Brunhilde«.

Man fuhr mit der Eisenbahn von Norddeutschland aus in den Süden, um die chromblitzende Masse Eisen mit so viel Leben drin selbst abzuholen. Und weil man für die Rückfahrt sowieso nicht so viel Gepäck auf einer Sportmaschine unterbringen wollte, genügte ein kleiner Tankrucksack mit den Zahnbürsten und als besonderen Inhalt ein elegantes, kleines Schaumgummi-»Renn«-kissen, das man als Sitz für die Sozia montieren wollte. Auf eine so gewaltige Sportmaschine einen Schwiegermutter-Soziussattel montieren? I gitt, I gitt, ihr Leute, das wäre doch wohl ein Verbrechen an der »schnellen Linie« und an der sportlichen Geschmacksrichtung und Gesinnung gewesen. Soziussättel schraubt man auf das Heck von braven Tourenrössern, aber nicht auf giftige, interessante, scharfe, schnelle, spritzige, starke und reizvolle Rennboliden —! Oh, wie Ernst-August im Eisenbahnzug beim Rhythmus der Räder von seiner neuen Liebe träumte!

Seine Braut, die Ingeborg, war mitgefahren. Erstens war sie nicht so ein Mädchen, das nur in Autos sitzen wollte, und zweitens war sie ebenso neugierig auf das wilde Pferd wie Ernst-August selbst. Die sausende Fahrt auf diesem Ding wollte sie sich nicht entgehen lassen. Und auch sie träumte als erfahrene und leidenschaftliche Motorradbraut von den schnellen Kilometern der vor ihnen liegenden Rückreise. Ganz unter uns, Freunde: solche feinen Mädchen findet man nicht immer. Die müssen noch Pioniergeist haben und nicht bange sein. Und als Motorradmann kann man Püppchen nicht brauchen. Huh, so flache und zerbrechliche Mode-Journal-Flöckchen im sausenden Wind hinten auf einer Hundert-Meilen-Maschine —!!

Die Väter der wuchtigen Zweirad-Dampframme schoben Ernst-August die nagelneue Brunhilde vor und erklärten mit viel Liebe alles, was daran zu beachten war. Und das ging etwa so: Benzinhahn öffnen, den Schwimmer-Tupfer nur zwei Sekunden herunterdrücken, dann sofort antreten. Das Antreten aber war eine Doktorarbeit für sich, und Ernst-August war der festen Meinung, daß es sich für eine 1:10 verdichtete Sportmaschine mit Rennmotoren-Charakteristik so gehöre. Man mußte eine ganz niedrige Warmlaufkerze montieren, wenn der Motor kalt war und lange gestanden hatte — Wärmewert 95. Das Öffnen des Benzinhahnes — nur Superkraftstoff konnte gefahren werden — und das Fluten der Schwimmerkammer wurde bereits als Handgriffe 1 und 2 erwähnt. Jetzt zog man mit dem linken Zeigefinger am linken Lenkerende den Griff für den Ventilheber an und bewegte mit dem Kickstarter die Kurbelwelle so lange, bis der Kolben unmittelbar vor dem oberen Totpunkt stand. Dann ließ man den Ventilheber wieder los. Als nächstes drückte man mit der rechten Hand den Zündschlüssel im Scheinwerfer ein und zog den Zündverstellhebel am Lenker auf »Spätzündung«, den Gasdrehgriff öffnete man ungefähr ein Viertel seines ganzen Weges, den Hebel für die Luftzufuhr schloß man. Mit gewaltigem Schwung holte man aus und warf mit dem Fuß den Starterhebel nach unten. Wenn man Glück hatte, dann sprang der Motor ruhig an und lief durch.

Hatte man jedoch nur eine Sekunde zuviel den Tupfer auf der Schwimmerkammer des Vergasers niedergedrückt, dann war das Biest schon abgesoffen und sprang ums Verrecken nicht an. Da half nur Benzinhahn zu, Lufthebel ganz auf, Gasdrehgriff ganz auf und unter Zuhilfenahme des Ventilaushebers den Motor immer wieder durchtreten. War man richtig in Schwung, dann konnte man den Ventilausheber im richtigen Augenblick loslassen. Wenn dann alles zusammenpaßte, die Füllung im Verbrennungsraum stimmte, dann konnte es geschehen, daß der Motor zögernd ansprang.

Wenn alles nichts half, dann mußte man den Benzinhahn schließen, die Zündkerze herausschrauben und trocken wischen, mit angezogenem Ventilheber und herausgedrehter Kerze mit Vollgas eine Weile den Kickstarter treten, bis der Verbrennungsraum wieder trocken war. Dann die Kerze einsetzen und die Zeremonie wieder von vorn anfangen. Als letzte Hilfe gab es dann nur noch Anschieben. Das aber war mit 210 Kilogramm nicht gerade eine besonders leichte Sache. Man riet Ernst-August, das Motorrad vielleicht dort abzustellen, wo eine Talfahrt möglich war, damit er es notfalls ablaufen lassen konnte.

War der Motor drei oder vier Kilometer richtig warm gelaufen, dann sofort anhalten, Benzinhahn schließen, Zündung ausschalten, Warmlaufkerze rausdrehen, die »Fahr«kerze einschrauben, die etwa einen Wärmewert von 280 oder 310 hatte — also eine richtige »Rennkerze« war. Nun den Motor mit offenem Lufthebel auf Spätzündung bei Eindrittelgas mit Hilfe des Ventilhebers wieder antreten. Wobei es einen erneuten Trick gab: öffnete man den Benzinhahn zu früh, dann lief die Schwimmerkammer wieder zu voll, und der heiße Motor soff augenblicklich ab, wonach es erst nach Stunden anstrengender Arbeit möglich war, ihn wieder in Gang zu kriegen. Öffnete man den Benzinhahn zu spät, so war das Gemisch zu mager, und der Motor verhungerte. Vergaß man dazu noch, den Zündverstellhebel auf »spät« zu stellen, so konnte es passieren, daß der Kolben mit voller Frühzündung beim Antreten eins auf den Kopf bekam und wegen des zu mageren Gemisches gewaltig zurückschlug. Hatte man dann den Fuß noch auf dem zurücksausenden Kickstarter, dann wurde man wie ein Pingpongball ein Stückchen in die Luft geschossen und lief hinterher mindestens vier Wochen mit einem grün-blau-rot dick geschwollenen Fußgelenk herum — wenn man überhaupt noch auftreten konnte.

Junge, Junge, Junge —!

War der mit gewaltiger Energie geladene Topf endlich zum Laufen gekommen, dann wurde der Lufthebel ganz geöffnet, der Zündverstellhebel auf »früh« gestellt, und den schnellen Abenteuern stand nichts mehr im Wege. Bis zu 150 km/h sollte der Renner dann rennen. Phantastisch! — Wehe, wehe, aber es gab im Verkehr oder anderswo einen Aufenthalt! Abstellen des Motors war nur ratsam, wenn man ihn innerhalb der nächsten fünf Minuten wieder antreten konnte — so ließ man ihn lieber im Leerlauf weiterlaufen, bis es hinter der Verkehrsampel wieder weiterging. Die kurze Zeit würde die Rennkerze schon nicht verölen. Nur mußte man immer mit dem Gas spielen — d. h. Gas geben und wieder wegnehmen, denn einen ruhigen runden Leerlauf kriegte man mit dem TT-Rennvergaser kaum hin. So stand man denn und erschreckte die braven Bürger durch das Getöse —! Aber was wollte man machen? Abstellen? Und dann vielleicht wegen des Benzinhahn-Tricks das Dings nicht wieder sofort in Gang kriegen?—

Aber, so meinten die Väter, das sei ja alles nicht so schlimm, und Ernst-August würde schon hinter die Gewohnheiten der Maschine kommen. Immerhin sei es ja kein Alltags-Motorrad, sondern eine Sportmaschine mit absoluten Renn-Ambitionen, und andere Fahrer kämen damit auch klar. Und was war das denn auch für einen Enthusiasten wie Ernst-August? Nichts Besonderes. Motorräder mußten halt so sein, und wenn sie nicht so waren, dann war das nichts für Männer. Alles klar? Rennbrötchen für die Ingeborg aufgeschraubt? Na, dann konnte es ja losgehen.

Und es ging los!

Herrjemine — das Neckartal entlang, da blieb schon kein Auge trocken, und es gab nichts, aber auch gar nichts, was bei diesem Tempo auf der engen Straße noch mithalten konnte. Autobahn kam für Ernst-August gar nicht in Frage — da gibt es keine Kurven, das geht nur immer geradeaus, das war nur für Familienväter und Weihnachtsmänner. Aber die kurvenreichen Straßen am Neckar entlang, die Bergstraße, dann die Landstraßen nach Kassel — da konnte man zeigen, was man für ein Kerl war!

Wir wollen ehrlich sein, Ernst-August merkte schon, daß diese Maschine bestimmt nichts für zartbesaitete Seelen war! In Höhe von Frankfurt hatte er bereits geschwollene Handgelenke, und die Gummigriffe an den Lenkerenden kamen ihm vor so dick wie Cervelatwürste. Und dann merkte er, daß das hintere Ende des Kotflügels mit dem Nummernschild auf dem besten Wege war, abzureißen. Die Fußrasten wurden locker, und die Ingeborg auf ihrem Rennbrötchen sagte nicht mehr viel. Die Vibrationen zeigten erste Wirkungen. Aber der gefahrene Durchschnitt lag überschlagsmäßig etwa bei 95 km/h. Einschließlich aller Orts- und Stadtdurchfahrten. Das versöhnte die beiden Reiter noch ein wenig.

Irgendwo hinter Marburg bei Cölbe oder Niederwetter war nicht mehr dran zu drehen: es mußte ein Zwangshalt eingelegt werden. Das hintere Kotflügelteil mußte wieder befestigt, die Fußrasten wieder festgezogen, der Tank wieder gefüllt werden, und die

Ingeborg meinte, daß ihr Sitzfleisch eine kleine Ringpause verdient habe. Ernst-August war es egal — nur gewann seine im Unterbewußtsein vorhandene Angst »Springt sie wieder an?« nun Riesengestalt.

Als hinter einer Kurve eine Werkstatt am Rande der Straße auftauchte, hielt er an. Zündung aus, Benzinhahn sofort zu — uff! Der Meister schaute über seine Brille und befahl dem Lehrling, die Flaschen für den Schweißbrenner heranzurollen. Die hintere Kotflügelstrebe wurde kunstgerecht wieder angeschweißt, sie war am Befestigungspunkt oberhalb der Hinterrad-Wackelvorrichtung (im Prospekt stand »Federung«, dachte Ernst-August bitter) abgebrochen, und zwar gleich auf beiden Seiten. Die Ingeborg saß derweil an der Seite auf der Werkbank, aber dann kletterte sie runter und lief auf der Straße hin und her, um die steifen Glieder wieder gängig zu machen. Sie sagte nichts. Wäre auch nicht gut gewesen, jetzt etwas zu sagen — in solchen Momenten sind Motorradmänner reizbar wie Kampfstiere.

Der Meister war fertig, man tankte. Ernst-August sah auf die Uhr und fühlte mit der Hand am Zylinder-Kopf — naja, wenn man Glück hatte, würde der Donner-Saurier, die männermordende Brunhilde, vielleicht doch gleich wieder anspringen.

Dann kam der angstvoll erwartete Moment. Also den Benzinhahn auf, Zündung einschalten, Hebel auf Spätzündung, Ventilausheber ziehen — mit Schwung ausholen — einmal, — zweimal, dreimal und gleichzeitig den Ventilausheber loslassen — paff! Platsch! Nichts —!

Nochmal. Mit Schwung ausholen, Ventilausheber ziehen — eins, zwei, drei — loslassen — bauz, platsch — aus! Nichts —!

»Ach«, sagte der Meister, »den Vogel kenn' ich. Steigen Sie auf! Fräulein, Sie auch bitte! So — jetzt komm mal her, Franz! Schieben! Legen Sie den zweiten Gang ein, geben Sie etwas mehr Gas, Lufthebel auf, Zündhebel auf spät. Wenn ich sage, dann Kupplung loslassen und Ventilausheber ziehen. Wenn richtig Schwung ist, Ventilausheber loslassen. Die *muß* kommen!« Gesagt, getan. Meister und Lehrling schoben, schoben, schoben. Sie liefen wie

weiland Nurmi. Jetzt — Kupplung los und Ventilheber ziehen — wumme, wumme, wumme, wumme — Ventilheber loslassen —! Peng, bautz — und dann lief der Motor donnernd an. »Davon zwei Kunden pro Tag, und ich hab' meinen Militärdienst das zweite Mal gemacht!« sagte der Meister.

Ernst-August aber fegte los wie ein geölter Blitz und schaute sich nicht mehr um. Schätzungsweise müßte der Sprit nun bis etwa Minden oder Hannover reichen. Und bis dahin könnte man erstmal wieder Mut fassen bis zum nächsten Antreten. Nur nicht jetzt anhalten, nur immer fahren —! Ja keinen Aufenthalt, daß man etwa allein der Arbeit ausgeliefert wäre!

Nun, Gentlemen, laßt uns aber mal von der Ingeborg sprechen, die da todesmutig auf dem wilden Gefährt saß. Sie klammerte sich an Ernst-August fest, versuchte ihre Füße auf den vibrierenden Fußrasten abzustützen und nicht von dem 15 cm breiten und 25 cm langen Rennsitz herunterzurutschen. Nach den Kurven, wenn Ernst-August voll aufdrehte, um mit möglichst hoher Beschleunigung um die Ecken zu kommen, bei Überholmanövern, wenn er in den dritten Gang zurückschaltete und mit voller Drehzahl blitzartig an dem »Konkurrenten« vorbeifegte, dann mußte sie sich unheimlich festhalten, um nicht nach hinten herunterzufallen. Beim Bremsen vor Kurven oder bei auftretenden Hindernissen wurde sie wie nichts nach vorn gegen seinen Rücken geworfen. Sie leistete also Akrobaten-Kunststücke, um ihrem Fahrer nicht verloren zu gehen. Das ging nun schon länger als fünf Stunden. Mit irgendwelchen Pause-Wünschen an einladenden Waldrändern durfte sie Ernst-August nicht kommen. Erstens verderben solche unpassenden Aufenthalte jeden sportlichen Durchschnitt, und zweitens war ja in diesem besonderen Fall das Problem der erneuten Ingangsetzung des Motors zu bewältigen. Sie beschied sich also tapfer. Doch schwor sie, daß dieser Rennbolzen einen bequemen, richtig gefederten Soziussattel bekommen würde! Das Durchschnittstempo lag bei etwa 140 bis 150 km/h nach Angabe des Tachometers. Aber hinter Minden gab der den Geist auf — totvibriert. Die Nadel tanzte abgebrochen im Glas herum. Getankt wurde nochmals in Petershagen — aber dabei stellte Ernst-August den Motor nicht ab, und Ingeborg ließ das Wechselgeld dem Tankwart, damit man nur ja wieder schnell in Gang kam und die Kerze nicht verölte. Nun würde alles glatt gehen, noch zwei Stunden vielleicht bis zum heimatlichen Herd, Ernst-August sah im Geist die schwarz-weiß karierte Zielflagge fallen und den großen Pokal —

— da kam der Bahnübergang vor Uchte. Die Schranken waren zu. Es standen etwa vier Wagen auf der anderen Seite und drei Wagen auf der Seite von Ernst-August. Also würde es wohl nicht mehr lange dauern, bis der erwartete Zug vorbeikäme und die Schranken sich wieder öffneten.

Also Brillen hoch, anhalten und zunächst einmal im Leerlauf probieren, den Motor in Gang zu halten. Gas auf — Gas zu, Gas auf — Gas zu, Gas auf — Gas zu. »Meinst Du, ich kann mal eben runter?« fragte die Ingeborg. »Nein, bleib sitzen, der Zug kommt gleich!« war die kurze Antwort. Gas auf — Gas zu, Gas auf — Gas zu — der Zug kam nicht. Der Wagenfahrer vor ihnen öffnete die Tür und gab Ernst-August durch Zeichen zu verstehen, daß er den Motor abstellen solle, man könne den Krach nicht mehr aushalten. Ernst-August zuckte mit den Schultern. Geht nicht. Gas auf — Gas zu. »Dann fahren Sie wenigstens ein Stück weg!« schrie der erboste Autofahrer.

Ernst-August hatte eine Idee. Weiter zurück war am Rande der Straße eine Buschgruppe. Er drehte vorsichtig um und fuhr im ersten Gang bis dort zurück. »Los, runter!« sagte er zu Ingeborg. »Da sind Büsche!« Sie jumpte flink von der Maschine, und Ernst-August fuhr wieder in Richtung Schranken. Kurz vor den wartenden Wagen drehte er wieder um und fuhr zurück. Daß nur nicht die Rennkerze verölt, dann wäre es ja ganz aus gewesen. Bis er die rausgeschraubt, saubergewischt und wieder eingesetzt hätte! Also fuhr er langsam im ersten Gang hin und her.

Ingeborg stieg wieder auf, und das Spiel ging weiter. Bis in der Ferne der Zug auftauchte und dann vorbeizischte. Die Schranken gingen wieder auf — und schon war Ernst-August wieder im Anmarsch, er schaltete in den zweiten Gang und zog die Maschine voll auf. Diese machte einen Riesensatz, und ehe es sich alle wartenden Autofahrer an der nach oben wandernden Schranke versahen, schossen Ernst-August und Ingeborg mit eingezogenen Köpfen darunter durch und verschwanden im Ort Uchte.

Das Schicksal hat für Motorradfahrer manchmal merkwürdige Späße auf Lager. Plötzlich kurz vor Bassum klopfte Ingeborg Ernst-August mit der Faust auf die Schulter. »Anhalten, anhalten!« schrie sie.

Ernst-August kannte solch ein Alarmzeichen. Er wußte, daß dabei kein Spaß mehr war, und deswegen nahm er sofort das Gas weg, bremste hart herunter und hielt am rechten Straßenrand.

»Was ist denn los?« schrie er nach hinten. »Der Öltank ist abgebrochen, hängt nur noch an den Leitungen!« schrie die Ingeborg zurück, woraus der Leser schließen möge, daß eine richtige Motorradbraut erstens nicht zu erschrecken und zweitens bewandert in der Technik des Motorrades ist. Ernst-August hatte da wirklich ein Musterexemplar, das wird man auch wohl inzwischen festgestellt haben.

»Ich kann jetzt nicht mehr halten! So kurz vor zu Hause!« schrie er zurück. »Wir sind doch gleich da. Kannste das Ding nicht mit dem Bein an den Rahmen drücken, daß es im Rohrdreieck bleibt und nicht runterfällt? Ich krieg' doch den Donnerbolzen sonst nicht wieder an!« Ingeborg rief: »Warte! So! Gut! Los, weiter!«

Das war natürlich wieder eine echte Ernst-August'sche Übertreibung, das mit dem »wir sind ja gleich da«. Dieses »gleich« bestand noch aus ca. 25 Kilometern. Und 25 km hielt die Ingeborg den Öltank eine halbe Stunde noch mit dem Bein am Rahmen fest. Dann war das Ziel erreicht. Aber keine Girlanden gab es, keine Pokale, keine schwarzweiße Zielflagge. Nur ein kopfschüttelnder Garagenwärter, eine Ingeborg, die buchstäblich auf allen Vieren ins Haus kroch, und Ernst-Augusts dick geschwollene Handgelenke. 620 km an einem Stück waren das gewesen. An der Maschine waren mehrere Risse in den Kotflügelbefestigungen, an der Öltankaufhängung und an der Scheinwerferkonsole zu schweißen, es war außerdem ein neuer Tachometer fällig. Ernst-August rechnete sich aus, daß der Donner-Saurier nicht billig war. Er lebte mit einem Trauma: springt sie an oder springt sie nicht an? Und nachts hatte er wilde Träume von Wolfsrudeln, die ihn mit schrecklich gebleckten Zähnen und aufgerissenen Fängen wütend verfolgten. Er aber kam keinen Meter von der Stelle und trat verzweifelt auf dem Kickstarter seiner Maschine herum, die neben ihm wie eine Steilwand aufwuchs. Es ließ ihm keine Ruhe,

er mußte dahinter kommen, warum dieser Motor Allüren hatte wie ein Motorrad von Anno Leipzig-Einundleipzig, auf dem Kaiser Nero schon die Christen verfolgte. Er sah es schon kommen, daß dies eine seiner Maschinen werden würde, an denen er am meisten herumgebastelt hatte. In den nächsten Tagen würde er untersuchen, ob man die Schwimmerkammer für den Vergaser nicht in der Höhe verstellbar anbringen könnte. Er würde weiter nachsehen, ob die Zündung genau stimmte, und später müßte man einmal probieren, ob ein anderer Kolben mit nicht so hohem Boden nicht doch besser wäre, damit die Verdichtung geringer würde und der Motor zivile Manieren bekäme.
Diese Probleme sprach er mit dem Tankwart seiner Garage durch. Das war ein Riesenkerl, der einen Oberbau wie ein Schrank hatte, und der beim Radwechsel ein ganzes Auto allein hinten anhob, so daß man zwei Räder auf einmal abnehmen und wieder montieren konnte. Er hieß Anton und verstand auch etwas von Motorrädern. »Ach, Mensch — da mußte nur richtig drauf tappen! So'n Fliegenbein wie Deines kriegt natürlich ein Männer-Motorrad nicht in Gang!« sagte er.
Sie holten den Donner-Saurier heraus, und Anton sagte: »So, jetzt sollste mal sehen, wie man damit umgeht, und wie fromm das Lämmchen ist.« Er stellte sich breitbeinig über das Biest mit zwei Rädern und lehnte die Maschine an sein linkes Bein an, mit dem rechten Bein trat er vorsichtig den Kickstarter ein paar Male herunter. »Das Öl muß erstmal im Getriebe ein wenig umgerührt und flüssig werden«, meinte er. »Auf den Ständer braucht man die Maschine gar nicht zu stellen.«
Zuerst öffnete er den Benzinhahn und schloß den Lufthebel. »Wir wollen es ohne Fluten der Schwimmerkammer probieren.« Dann trat er den Kickstarter mehrmals kräftig herunter, ehe er die Zündung einschaltete. »So, Ernst-August, paß mal auf, wie die jetzt kommt.« Damit drückte er den Zündschlüssel ins Zünd-

schloß und trat den Kickstarter gewaltig herunter, so daß die Maschine richtig in der Federung wippte. Aber die Abwärtsbewegung war noch nicht ganz beendet, da gab es einen ekelhaft kalten Schlag, der Starterhebel und das Bein von Anton wurden mit unvorstellbarer Wucht zurückgeschleudert. Aus dem Luftfilter vor dem Ansaugkanal ringelte sich eine kleine blaue Wolke heraus —!

Anton stand wie ein steinerner Baum eine Sekunde regungslos mit angehobenem Bein — regelrecht erstarrt. Dann neigte er seinen gewaltigen Oberkörper etwas nach vorn und stieß einige verzerrte Worte heraus. »Mensch, halt den Mistschlitten —!« oder so ähnlich. Ernst-August sprang hinzu und griff den Lenker, Anton schwang das geprellte Bein über das Motorrad weg und hüpfte mit weißem Gesicht in sein Tankwart-Häuschen. Dort griff er zum Telefon und wählte. Es meldete sich offensichtlich seine Frau in der Wohnung. »Komm her. Ich hab einen Unfall gehabt und kann nicht mehr laufen. Du mußt die Kunden bedienen und bring eine Schüssel, Tücher und eine Flasche Drogisten-Alkohol zum Kühlen mit.« Antons Fußgelenk schwoll gewaltig an, und er hatte zunächst nur Interesse daran, seinen Stiefel ausziehen zu können. »Verdammtes Biest, verdammtes Biest!« das war seine einzige weitere Äußerung.

Ernst-August hätte ihm ja noch sagen müssen, daß er den Zündverstellhebel auf Spätzündung hätte stellen sollen, aber bei der absoluten Sicherheit in Antons Handgriffen hatte er daran nicht gedacht. Aber er konnte es nicht lassen und sagte zu Anton: »— Fliegenbein!«

Einen in seiner Winterhöhle von Hunden geweckten und angegriffenen Bären kann man nicht wütender brummen hören! »Glaub ja nicht, daß ich mit dem Ding nicht klar komme. Nächstes Mal mache ich kurzen Prozeß, da wird sie einfach angeschoben.«

Das nächste Mal sollte jedoch erst noch eine Weile dauern, bis Anton wieder richtig auftreten und laufen konnte. Inzwischen hatte Ernst-August sich an den Brocken und dessen Spezialitäten einigermaßen gewöhnt. Vor allem hatte er sich eine besondere Schwimmerkammer-Halterung gebastelt, und das Problem des Absaufens war so ziemlich geklärt. Man muß sich halt mit dieser Art von Motorrädern als Fahrer zusammenraufen.

Anton hatte immer mit Interesse zugesehen, wenn Ernst-August seinen Renner in Gang brachte, ihn wurmte es, daß er sozusagen eine Niederlage erlitten hatte. Und eines Tages versuchte er es ein zweites Mal. Er öffnete den Benzinhahn, schaltete den zweiten Gang ein und zog die Maschine so weit zurück, daß der Kolben des Motors über den oberen Totpunkt zurückrutschte. Dann flutete er den Vergaser ein wenig, öffnete den Lufthebel ganz, gab etwas Gas und zog die Kupplung. Ernst-August machte ihn noch auf den Ventilheber und den Zündverstellhebel aufmerksam, aber Anton brummte: »Wenn man richtig mit Kraft schiebt, braucht man das alles nicht.« Dann zog er die Kupplung und schob den Saurier auf die Straße hinaus.

Die Richtung, in die er schob, war insofern nicht ganz gut, weil die Straße etwa nach 150 m endete und in einen Parzellenweg überging. »Ja, was denkst Du denn? Die kommt doch sofort nach ein paar Metern.« Damit begann er zu rennen, und als er richtigen Schwung hatte, ließ er die Kupplung los. Das Hinterrad schleifte ganz kurz über das Pflaster, weil es stehen geblieben war, Anton drehte den Gasdrehgriff weiter auf und drückte weiter, das Hinterrad drehte sich wieder und — —

— — die Maschine sprang mit einem gewaltigen Schlag an und schoß sofort wie eine Rakete los. Anton wurde regelrecht von den Füßen gerissen und hing am Lenker wie ein flatternder Lappen. Die donnernde Fuhre nahm Kurs auf den Parzellenweg. Dort kam Mutter Behrens mit einem Handwagen voll Äpfel entlang und blieb vor Schreck stehen, denn die männermordende Brunhilde zielte genau auf den Äppelkarren. Mutter Behrens überlegte nicht lange und jumpte mit einem Satz über eine glücklicherweise niedrige Gartenhecke in die nächste Parzelle, und in demselben Augenblick rammten 210 Kilogramm Eisen mit 33 PS und der dem Tempo entsprechenden Energie den Äppelwagen genau mitschiffs. Bretter, Holzräder, Äpfel, Anton und die Maschine trennten sich voneinander, und jedes segelte seinen eigenen Weg weiter. Keiner wußte so schnell, wohin sie entschwunden waren. Es war eine märchenhafte Stille für einige Sekunden.

Zuerst war Mutter Behrens wieder auf dem Parzellenweg und suchte nach den Resten ihres Wagens, dann erschien Anton auf der Bildfläche aus einer Hecke heraus und suchte den entsprungenen Saurier. Der lag etwa zwanzig Meter weiter mit zerschmettertem Scheinwerfer auf der Seite und hatte noch ein Gartentor in ein Pop-Art-Gebilde verwandelt. Überall auf dem Weg lagen Mutter Behrens kostbare Cox Orange herum, und was nun gesprochen wurde, empfiehlt sich nicht zu beschreiben, sonst könnte der Setzer, der dies Manuskript abzusetzen hat, rot werden. Mutter Behrens war nämlich als bekannte Markt-Type keineswegs zimperlich im Umgang mit Spezies der Sorte Anton.

Nachdem sich auch gezeigt hatte, daß die Vorderradgabel einen leichten Schlag bekam und neu gerichtet werden mußte, nachdem es auch noch notwendig war, einen neuen Kotflügel zu bestellen und der Tank auch eine Beule mitgekriegt hatte, kann man sich ja in etwa vorstellen, welche netten Worte Ernst-August dem Supermann Anton widmete, und daß dieser außerdem noch einige Dukaten ausspucken mußte. Es war wieder einmal der Beweis dafür, daß eine große Klappe, Angeberei, wenig Hirnschmalz und zu viel Bizeps bei Motorrädern immer wieder mit einem Trauerspiel endet und nicht billig ist. Schwamm drüber —

es ist alles längst vergessen, nur die Pflastersteine dort wissen es noch, und natürlich Mutter Behrens. Aber die hat schon früher, als die jungen Burschen in jenem Pferdezüchter-Landstrich sich sonntags auf den Koppeln beim Ausprobieren ungesattelter Hengste die Knochen lädierten, immer auf dies »verflixte Jungens-Kropptüg« gewettert, das noch nicht trocken hinter den Ohren wäre.

Es war Antons letzter Versuch, die Brunhilde zu zähmen. Ernst-August deklamiert nach Art der Groschenblätter: »Motorradfahrer rast in Äppelkarren — Der ABEND sprach zuerst mit den Äppeln.« Aber Anton war nicht mehr zu Scherzen aufgelegt. »Hau ab mit dem Ding!« Er rührte die Maschine auch nie wieder an, und wo sie eigentlich geblieben ist, weiß ich nicht. Man erzählt, daß Ernst-August vor drei Jahren damit in einem Torfkanal landete, daß er selbst wieder ans Ufer gekommen wäre, der Donner-Saurier jedoch im grundlosen Moorschlamm für immer versunken sei.

Vincent-Hans

Ich kannte mal einen — der war im Dreiländereck Schweiz-Deutschland-Frankreich zu Hause. Alles weiß ich selbstverständlich nicht mehr genau, aber ich glaube, daß er Hans hieß. Wir nannten ihn nur den »Vincent-Hans«. Denn der Hans besaß eine jener sagenhaften 1000-ccm-Vincents, die heute längst von den Straßen verschwunden sind und Raritäten wurden. Ab und zu taucht wohl noch einmal hier und da so ein Feuervogel auf, und die Fachleute und die Liebhaber stehen dann ehrfürchtig um dieses Roß herum.

Die Vincents wurden bis etwa 1955 in Stevenage in England in mehreren Modellen gebaut. Der Hans und auch seine Freunde in der dortigen Gegend fuhren die 1000 ccm »Black Shadow«. Die Black Shadow hatte 60 PS bei einer Kurbelwellendrehzahl von 5800 U/min. Das ist ein Haufen Zeug. Es war ein Zweizylinder-Motor, dessen Zylinder in V-Form angeordnet waren. Dazu kamen ein Viergang-Fußschaltgetriebe, ein eigenartiger Rahmen, eine besondere Bremse, eine besondere Kupplung — kurz und gut, dieses Motorrad war schon tatsächlich in allen Details etwas Besonderes.

Wenn heute die Sprache auf den »Schwarzen Schatten« kommt, dann häufen sich die Anekdoten, dann werden Abenteuer erzählt, dann wird noch einmal die Welt erobert mit einem märchenhaften Motorrad.

Im Vorderrad befand sich eine Doppelbremse, die über einen Waagebalken-Ausgleich quer zwischen den Gabelholmen betätigt wurde. Die Kupplung hatte nicht nur die üblichen Kupplungslamellen, sie war außerdem gebaut wie eine Innenbackenbremse. Das war aber auch bei der enormen Leistung des Motors und bei seinem hohen Drehmoment dringend nötig. Denn man kam beim Anfahren kaum ohne Kupplungsschleifen aus. Die beiden V-förmig hintereinander liegenden Zylinder brachten natürlich Kühlungsprobleme, aber man hatte sie mit einem besonderen Zylinderlack schwarz gestrichen, um die Wärmeableitung zu verbessern.

Zwei Amal-TT-Vergaser waren vorgesehen, und die Stoßstangen zur Betätigung der Kipphebel waren extrem kurz. Der Motor hatte einen sehr imposanten Ton, der aber keineswegs unangenehm war, aber immerhin beeindruckte er die Zuschauer stets mächtig. Die letzten Modelle hatten eine Handhebelvorrichtung, um die Maschine aufbocken zu können. Dieses Roß mit dem großen Kickstarter in Gang zu bringen, das bedurfte schon einer besonderen Technik und einer besonderen Erfahrung.

Das Werk schrieb eine Höchstgeschwindigkeit von 225 km/h in die Prospekte, und von dem Typ »Black-Lightning«, der 72 PS hatte, hieß es in der Rubrik Beschleunigung: »No yet testet!« Die Black-Shadow, die dem Vincent-Hans gehörte, beschleunigte von 0 auf 100 km/h in 5 sek., von 0 auf 160 km/h in 20 sek. Bei Überholmanövern war er von 80 auf 120 km/h in nur 4 sek., von 120 auf 160 km/h in 11 sek. Der Mercedes 300 SL der damaligen Zeit kam auf 100 km/h aus dem Stand in 8 sek., auf 140 in 15 sek. und auf 160 in der gleichen Zeit wie die Vincent. Der Porsche 1600 Super brauchte aus dem Stand bis 100 km/h 11 sek., bis 160 fast 30 sek. Dies, um einen ungefähren Begriff zu geben, in welchen Dimensionen man sich mit dem »Schwarzen Schatten« bewegte.

Ja, das gab es nun wirklich: Drei von diesen Maschinen in Weil am Rhein, halb so groß wie Rüdesheim! Und dann noch zwei oder drei in der näheren und weiteren Umgebung. Wer sich einen

Briefmarkensammler vorstellen kann, dem man sagt, wo eine Blaue Mauritius zu besichtigen sei, oder wer weiß, was der Förster vom Silberwald macht, wenn ihm gemeldet wird, daß in Jagen 6 der seit vier Jahren gesuchte alte Keiler steckt, der kann sich auch wohl vorstellen, daß es nicht lange dauerte, bis ich in diesem Städtchen nahe der Schweizer Grenze aufkreuzte. Die »Stationierung« dieser Giganten war wirklich nicht schlecht gewählt. Nach Frankreich zu geht die große Straße von Basel über Belfort, Langres, Troyes nach Paris. Nach Norden durch Deutschland geht es über Freiburg, über die Autobahn nach Karlsruhe.

Von diesen Dingen sprachen die Besitzer der Maschinen. Entfernungen waren keine Abenteuer. Päße waren keine besonderen Unternehmungen, fremde Länder waren für sie, was für uns die Nachbarstadt ist — und nur Grenzen gab es viel zu viele für sie. Die Welt schrumpfte zusammen; der Gesichtswinkel dieser Leute war dafür umso größer. Ihr Gespräch sprang von der Autobahn Karlsruhe-Darmstadt zum Simplon oder zum Gavia, von den Pyrenäen zur Bretagne hin — als gäbe es dazwischen nicht hunderte von Kilometern. Einen Sonntag waren sie am Klausenpaß und fegten im zweiten Gang mit einem mitleidigen

Lächeln an den stärksten Sportwagen vorbei die Serpentinen und die Berge hinauf — am anderen Sonntag flog neben einem

Porsche Super auf der Karlsruher Autobahn ein Schwarzer Schatten dahin. Der Porschemann trat den Gashebel durch — das konnte doch nicht sein, ein Motorrad? Umsonst, der Schatten war schon vorbei und verschwand schnell weit vorn unter den Brükken. Am nächsten Sonntag stiegen zwei lachende Jungens mittags auf dem Marktplatz von Chaumont in der Champagne von ihren Maschinen und suchten sich eine Gastwirtschaft: »— um 10 Uhr waren wir noch in Basel —!«

»Dies ist eine andere Welt. Manchmal regnet's, nun, dann fahren wir eben dorthin, wo es nicht regnet. Auch wenn dazu die Karte von Europa nötig ist. Oder kennst du die Jagd hinter den Wolken her? — Oder weißt du davon, wenn die Sonne aufgeht und dich die Neugier packt, festzustellen, wo du bist, wenn sie wieder untergeht? Hast du schon einmal an *einem* Tag die salzige Brise der Nordsee und das milde Kuhläuten in den Allgäuer Bergen erlebt? Hast du schon einmal stundenlang im Winter vor einem solchen Motorrad auf einem Kanister in der Garage ganz allein in Gedanken versunken gesessen und von den Fahrten, den Ländern und Freunden geträumt, die du damit auf dieser schönen Erde in all den Jahren erlebt hast —? Das ist nämlich anders als mit einer normalen Maschine, denn mit dieser Rakete bleibst du immer allein — auf der Straße, unter deinen Zunftgenossen, und wenn du einen triffst, der vielleicht auch den Vincent-Bazillus hat, so ist das etwa so, als ob ein einsamer Waldläufer in den Wäldern Kanadas plötzlich auf einen Menschen stößt. Und am Ende eines Jahres macht man dann Bilanz. Übergetitelt »Weißt du noch?« Und dann entdeckt man plötzlich, daß man immer noch allein ist. Man muß sich daran gewöhnen, daß die Mitmenschen einen nicht mehr für voll nehmen und ihnen der Tip an die Stirn näher liegt als alles andere.« So sprachen diese Fahrer.

Es ist eigenartig, man ist ja nun doch schon an Geschwindigkeiten gewöhnt, wenn aber einer dauernd in seinen Berichten vom Bereich zwischen 140 und 190 km/h erzählt und dies so tut, als sei das nichts Außergewöhnliches — etwa so, wie ein alter Jäger im gleichmäßigen Tonfall von seinem zwanzigsten Zwölfender berichtet: »Da habe ich dann so'n bißchen am Griff gedreht, und schwupp! war ich auf 160, dann rein in den vierten Gang —.« Ja, wenn einer das ohne besondere Erhebung der Stimme sagt — schließlich waren das Geschwindigkeiten, die wir von Rennmaschinen kannten, aber nicht von Serienmaschinen auf der Straße. Und so lagen etwa die Geschwindigkeiten in den vier Gängen: 1. Gang bis 105 km/h, zweiter Gang bis 135 km/h, dritter Gang bis 158 km/h, und der vierte für alles andere.

Einmal habe ich den Vincent-Hans gefragt, wie oft er denn schon um Haaresbreite am plötzlichen Straßentod vorbeigekommen sei. Mein Freund Crius aus Paris hatte nämlich mal erzählt, daß von den acht in Frankreich verkauften Vincents bereits nach vier Monaten sieben ihre Reiter totgeschlagen hatten.

Ihr werdet es kaum glauben, aber er sagte: »Noch nie gab es Bruch! Entweder habe ich aufgedreht — dann war ich eher weg, als der Kerl mit dem Kühler seines Karrens nach links abgebogen war, falls er vergaß, seinen Blinker anzuschalten oder sich vorher links rauszusetzen; und dann hat mich der Dampfer doch erzogen — außerdem sind vier Bremsen da —!«

Er vergaß allerdings noch zu sagen, daß sich dies schwere Motorrad nach den Begriffen der damaligen Zeit wie ein Fahrrad regieren ließ, daß es in Wirklichkeit gar nicht so mächtig war, wie das auf Bildern aussieht. Die Sitzposition ist so ausgelegt, daß man bequem, aber immer »auf dem Sprung« sitzt. Der Lenker war nur 55 cm breit, die Knie lagen richtig an, die Füße standen im richtigen Winkel zum Schalt- und Bremshebel, und es gab da noch Möglichkeiten, alle Hebel so zu verstellen, daß auch der Mann mit den unmöglichsten Körpermaßen genau drauf paßte. Jedes einzelne Teil — sei es noch so nebensächlich — war von

Hand gearbeitet, alle blanken Teile waren rostfrei — aber nicht verchromt, sondern blank poliert.
In einer mustergültigen Bastelbude waren die Maschinen eingestellt. Kinder, das war schon ein Anblick! Man sah es ihnen an, daß sich ihre Räder nicht nur zum Brötchenholen drehten. Daß diese Trapezgabel mit hydraulischer Dämpfung und eine Hinterradfederung mit so großen ungefederten Massen für derartige Geschwindigkeiten ausreicht, das mutet ganz unwahrscheinlich an. Und war das nichts: Zum Hinterradausbau war kein Werkzeug anzurühren! Zwei Flügelschrauben lösen (Bremsgestänge, Kotflügel unterteilt), Bremsanker aushaken, Steckachse losdrehen und rausziehen, Rad herausnehmen. Oder bei den 1000 ccm und 60 PS ein normaler Verbrauch von nur 6 Litern auf 100 km? Und ein Gewicht von nur 204 kg? Und — der vierte Gang ab 32 Stundenkilometer ruckfrei?
Wer einmal mit dem Dings gefahren war, der hatte eine Infektion, die er nicht mehr los wurde. Und so kam es, daß ein paar in Deutschland verkaufte Vincents alle auf einmal in das kleine Städtchen am Dreiländereck gingen. Ich bin bis heute gottlob noch nicht so vernünftig, daß mir das nicht imponierte — schließlich habe ich später auch einmal auf so einem Schatten gesessen und etwas von der Seuche abgekriegt.
Liebe Freunde, die ihr eine 125er, eine 175er oder 250er durch die Lande schwenkt, die ihr vielleicht nie an so ein dickes Stück wie die Vincent herankommen könnt und die ihr eure kleine Maschine ebenso liebt wie der andere, der es konnte, seine Vincent — ihr dürft nicht glauben, daß der Vincentmann für euch ein mitleidiges Lächeln übrig hatte.
Wer eine solche Maschine unterhalten konnte, der wußte nämlich, was an einem Motorrad dran sein kann und was ein Mann dafür tut. Zwar war er stolz auf seinen schnellen Renner — aber er war auf der anderen Seite immer ein Einsamer. Das war nicht für

jeden etwas, und es war auch nicht leicht, mit einem solchen Hobby ganz allein zu sein.

Es war auch nicht immer schön, von den Fahrten mit der schwarzen Rakete zu sprechen und in den Augen der anderen lesen zu können, wie sie begeistert, aber auch traurig waren, daß ihnen dies Glück nicht beschieden sein konnte. Und das trennte einen Vincentmann so sehr von allen anderen Fahrern.

Der Vincent-Hans fuhr eines Sonnabend nachmittags zum Spaß die Autobahn entlang. Auf einem Parkplatz machte er Pause und stellte seine Maschine ab.

Zu dieser Zeit waren viele Touristen unterwegs, und es gab viele seltene Kennzeichen zu sehen. Plötzlich kriegte er ganz runde Augen: da sauste etwas vorbei, zwei schwarze Gesichter drauf — Kennzeichen EAZ — der Ton des Motors — Mensch, das konnte nur eine Vincent sein — !

Ab und hinterher! Es dauerte eine Weile, bis er die Kerle wieder vor sich sah. Es war eine Vincent. Und dann gelang ihm das große Manöver, die beiden zu überholen und ihnen zu winken. Eine ganze Weile nachher kamen die Maschinen zum Stehen. Und gleichzeitig stiegen die drei Leute ab.

Ehe es sich unser Freund versah, wurde er von zwei pechschwarzen grinsenden Negerlein umarmt und bekam rechts und links einen Schmatz auf die Backe, daß es nur so schnalzte. Und dann verbeugten sich die beiden und sagten in tadellosem Englisch: »Bruder, wir freuen uns, dich unter der Sonne dieser Erde zu sehen, und wir freuen uns, daß du die gleiche Liebe zu einem Motorrad hast wie wir. Dies ist mein Bruder Samarungu und ich bin Siafu, wir kommen aus Sansibar und wollen in Europa studieren. Dies soll ein Sonntag sein, denn wir haben noch nie einen Menschen getroffen, der auch einen Schwarzen Schatten fährt. Wir wollen hier unser Zelt aufbauen und uns freuen, dich als Gast darin willkommen heißen zu können.«

Gesagt, getan, es wurde dort im Walde ein Zelt aufgebaut und dann saßen drei Kerle zusammen — zwei schwarze und ein weißer — die sich nie vorher gesehen hatten, und deren Wege sich am nächsten Tage wieder trennen würden — wer weiß, wohin. Aber sie kannten sich eigentlich schon lange. Und ich glaube, daß es rings herum im Walde ganz still wurde — denn das Gespräch drehte sich nur um ihr Motorrad.

So war das mit der Vincent — das Motorrad mit dem sagenhaften Nimbus, dem Wunschtraum vieler Männer. Wohl dem, der eine besaß! Und in dem kleinen Städtchen am Dreiländereck, da war zwischen den alten Häusern, die schon um 1600 dort standen, ein Hauch dieser Welt zu spüren — sie hieß bei uns immer nur die »Vincent-Stadt«.

Der Vincent-Hans war ein hervorragender Mechaniker. Von Beruf war er Kraftfahrzeugmeister in einer großen Wagenwerkstatt in Basel. Ich habe später selten einmal einen Handwerker mit solch einem Können gefunden. Er hatte sich eine Werkstatt in seinem Haus eingerichtet, die geradezu vorbildlich war. Dort pflegte er seinen Schwarzen Schatten — und das Motorrad sah stets aus, als käme es direkt aus dem Laden. Einige kleine Verbesserungen hatte er gebastelt, und es ist nie vorgekommen, daß der Vincent-Hans unterwegs am Straßenrand hat bauen oder schrauben müssen. Das machte er zu Haus, wenn die Tage kürzer wurden und wenn der Winter ihn zwang, auch einmal dieses wunderschöne Motorrad wegen zu glatter Straße stehen zu lassen. Im Sommer machte er dann zusammen mit seiner Frau herrliche Reisen durch ganz Europa, ja sogar bis hinunter nach Afrika. Mit Zelt und Gepäck zogen die beiden Nomaden durch die schöne Welt. Später bis nach Kanada.

So kamen sie auch eines Tages im Sommer zum Nürburgring. Hinter dem Garagenhof, direkt an der Strecke, bauten sie ihr Zelt auf. Am Nürburgring war zu der Zeit nicht viel los, ein Rennen war nicht in Sicht, und auch Versuchsfahrer waren keine da. Nur ein paar Touristen bevölkerten die Strecke. In den Jahren war es sehr schön am Nürburgring. Es war dort noch nicht solch ein Verkehr, daß man sonntags manchmal meint, man sei auf der Autobahn.

Der Hans schlug sein Zelt auf und machte, als es dunkel wurde, ein feines Lagerfeuer. Man kochte sich das Abendbrot, man saß um das Feuer herum und erzählte von den großen Fahrten. Als der Mond hinter den hohen Tannen am Ring endlich versank, ging man zur Ruhe. Der Hans kroch ins Zelt und zog sich seine Decke über die Ohren.

Es war sehr früh am nächsten Morgen, als er aufwachte. Der Tau lag auf den Gräsern, aber es war eine wunderschöne klare Luft.

Der Vincent-Hans dachte nach, warum er eigentlich so früh aufgewacht sei, und als er gerade so richtig grübelte, da hörte er unten in den Wäldern vom Hatzenbach das Röhren einer BMW. Er überlegte, wer wohl um diese Zeit — es war etwa 5.30 Uhr morgens — schon um den Nürburgring führe. Das Motorrad entfernte sich, und er hörte nichts mehr. Langsam duselte er wieder ein.

Es waren wohl etwa 15 oder 20 Minuten vergangen, als er abermals wach wurde. Und nun sauste der BMW-Fahrer direkt hinter dem Zelt auf der Strecke zur Zielgeraden hinüber. Der Hans richtete sich auf und drückte heimlich auf die Stoppuhr an seinem Armband.

Dann richtete er sich in seinem Schlafsack auf, schlug den Zelteingang ein wenig zurück und krabbelte aus dem engen Sack heraus. Als er sich anzuziehen begann, dachte er darüber nach, was eine R 51/3 auf dem Nürburgring wohl für eine Zeit fahren könne. Schließlich trat er vor das Zelt und betrachtete seine Vincent, die neben dem Zelt an der Seitenstütze lehnte. Mit dem kleinen Plastikeimer ging er in den Garagenhof, um Wasser zum Waschen zu holen.

Als er zurückkam, war auch seine Frau wach geworden und stand vor dem Zelt. Und dann hörte man aus der Gegend der Antonius-Buche das Röhren der wieder aus einer Runde zurückkommenden BMW. Der Hans nahm seine Stoppuhr und paßte auf — da sah er den Fahrer oben vorbeihuschen, und als er etwa in Höhe des Start- und Zielhauses war, drückte der Vincent-Hans seine Stoppuhr. Es waren etwa 14 Minuten für diese Runde.

*

Der BMW-Fahrer war ein Arzt, der dort am Nürburgring seinen Urlaub verbrachte. Jeden Morgen vor Tau und Tag, wenn alles noch schlief, holte er seine BMW aus dem Garagenhof und machte sich die Freude, ein paar schnelle Runden um den Ring zu fahren. Um die Zeit war kein Verkehr, er war ungestört und störte selbst auch niemanden. Außerdem konnte er in aller Ruhe seinen Fahrstil verbessern.

Er hatte an diesem Morgen schon etwa fünf Runden gefahren, und eigentlich wollte er so langsam aufhören. Aber dann gefiel ihm das Streckenstück hinter dem Adenauer Forst bis hinunter nach Breidscheid so gut, daß er es doch immer wieder aufs Neue probierte. Endlich entschloß er sich, nur noch eine Runde zu fahren.

Als er unten in Breidscheid bei Ex-Mühle war, da merkte er nicht, daß hinter der Hecke in der Einfahrt zum Nürburgring ein anderer Motorradfahrer stand und wartete. Er hatte sich überhaupt während der ganzen Fahrerei nicht darum gekümmert, ob irgendein anderes Fahrzeug vielleicht hinter ihm hergefahren sei. Nun holte er ganz weit links aus, blieb ziemlich lange dort, um sehr elegant in die Rechtskurve am Bergwerk hineinzugehen, von wo aus die Strecke mit etwa ständig 7 bis 15 Prozent Steigung bis zur Rechtskurve unterhalb des Karussells den Berg hinaufging. Das war gewöhnlich *der* Streckenabschnitt vom Nürburgring, in dem man nicht weiß, ob man die Drehzahl im dritten Gang riskieren oder ob man die Maschine im vierten Gang schwer schuften lassen soll. Unser Doktor ließ meist den dritten Gang drin, weil er der Meinung war, daß das schwere Schuften an dieser Steigung im vierten Gang dem Motor weher tun würde, als wenn er einmal überdreht wird.

An der kleinen Brücke im Kesselchen bei Kilometer 12, da hatte er das unbestimmte Gefühl, daß irgendwo an seinem Motor etwas klirrte, klapperte oder rumorte. Da aber das Tempo nicht abfiel, da die Maschine sauber zog, konnte er sich dieses Geräusch gar nicht erklären. Bis er bemerkte, daß links neben ihm das Vorderrad eines anderen Motorrades lief.

Darüber erschrak er ziemlich heftig, und als er genauer hinsah, entdeckte er genau in seiner Höhe neben sich einen zweiten Motorradfahrer.

Dieser Mann saß aufrecht auf der Maschine — unser Doktor hatte ein solches Modell noch nie gesehen, und er schätzte es auf vielleicht 250 oder 350 ccm. Die Maschine war schwer bepackt. Auf einem Spezialgepäckträger befanden sich hinten neben dem Hinterrad auf beiden Seiten der Maschine je ein riesiger Metallkoffer. Darüber war ein prallgefüllter Zeltsack quergeschnallt. Vor sich auf dem Tank hatte der Fahrer einen ebenso prall gefüllten Tankrucksack, und vor dem einen Metallkoffer, den unser BMW-Mann gerade sehen konnte, hatte dieser Motorradfahrer außerdem noch ein Bündel langer Zeltstangen aufrechtstehend befestigt.

Der Doktor staunte nicht schlecht und gab noch etwas mehr Gas. Aber die BMW war hier bei einer Geschwindigkeit von ca. 110 km/h im dritten Gang ziemlich am Ende, und als er kurz den vierten Gang probierte, da fiel das Tempo auf 100 km/h zurück. Der andere Motorradfahrer schaute herüber und grinste. Plötzlich nahm er die linke Hand vom Lenker und hob die Hand hoch. Er streckte drei Finger in die Luft, und unser Doktor verstand, daß er sagen wollte, daß er im dritten Gang führe. Dann ließ dieser Mann noch einen Finger in die Luft schnellen, was bedeuten sollte, daß er nun in den vierten Gang schaltete.

So geschah es. Der Motorradfahrer schaltete, dann gab er Gas, und aufrecht sitzend zog er der BMW davon, als sei dies ein Fahrrad. Das Letzte, was der Doktor von diesem sagenhaften Reiter sah, war beim Anschneiden der Rechtskurve unterhalb des Karussels eine riesige Gepäck-Pyramide, die elegant im Karussell oben verschwand.

Als der Doktor dann zur langen Gerade hinter der Döttinger Höhe kam, legte er sich lang auf seine BMW, um möglichst schnell zum Start- und Zielplatz zu kommen. Das wollte er denn doch wissen, was das für ein unheimliches Motorrad war. Als er dort ankam und über die Start- und Zielgerade an den Boxen vorbeiraste, bemerkte er, daß am Beginn der Boxen ein Motorrad lehnte, und ein Fahrer auf dem Boxenrand saß, der eine Zigarette rauchte. Das konnte nur dieser tolle Mann gewesen sein. Der Doktor fuhr durch die Südkehre, bremste hinter den Boxen langsam herunter, schwenkte hinter der Tankstelle wieder auf den Start- und Zielplatz ein und hielt vor der Boxe.

Der dort wartende Motorradfahrer grinste. Es war dasselbe Grinsen, das unser Arzt unten an der großen Steigung beim Kesselchen schon erlebt hatte. Dann hob der lange Mann seine Hand und zeigte unserem Arzt eine Zigarettenkippe: »So lange bin ich schon hier!«

*

Ist ja klar, daß die gute alte R 51/3 mit ihren kleinen 24 PS gegen die 60 PS des Super-Boliden nichts machen konnte. Aber sie war immerhin schon damals eines jener Motorräder, die überall als schnell bekannt und geachtet wurden. Ihre Besitzer waren nicht selten unwahrscheinlich stolz auf ihr edles Roß. Ich hatte den Vincent-Hans einmal gefragt, warum er sich denn ausgerechnet ein so ausgefallenes ausländisches Motorrad gekauft hatte und keine edle BMW. Seine Antwort war: »Ich bin nicht der Mann für das Volks-Motorrad.«

Dort an der langen Steigung, da wurde der Motor der BMW glatt bis über 5800 U/min überdreht, als der Doktor das Herz hatte, den dritten Gang bis 110 km/h kommen zu lassen. Der Vincent-Hans wäre normalerweise bei diesem Tempo gerade vom ersten in den zweiten Gang gegangen, aber er hatte den dritten drin gelassen, weil ja erstens der Motor ein so unwahrscheinliches Durchzugsvermögen im unteren Drehbereich hatte, und weil er zweitens sich auch etwas leiser an den schnellen BMW-Mann heranpirschen wollte.

Nachdem der Doktor sich von seinem Staunen erholt hatte und erfuhr, daß dies also die berühmte Vincent sei, da war er sichtlich beruhigt, aber die Hauptsache hat der Vincent-Hans ihm bis heute verschwiegen. Und nur weil die Geschichte schon mehr als 15 Jahre her ist, darf ich sie jetzt wohl weitererzählen.

Als nämlich der Doktor mit seiner BMW aus der nächsten Runde wieder am Zelt vom Vincent-Hans vorbei kam, da wurde dieser plötzlich lebendig. »Wenn diese BMW-Brüder glauben, sie hätten das tollste Motorrad, was es auf der Welt gibt, dann will ich denen jetzt endlich einmal zeigen, daß das nicht der Fall ist«, so dachte Hans vor sich hin, und in fliegender Eile holte er die beiden riesigen Metallkoffer aus dem Zelt und schnallte sie hinten auf den großen Gepäckträger. Dann rannte er zu dem Papierkorb im Garagenhof und stopfte den ganzen Papierkram, der sich in den Körben befand, in seinen großen Zeltrucksack. So lange, bis dieser prall gefüllt war. Ähnlich machte er es mit seinem Tankrucksack. Und dann trat er seinen Schwarzen Schatten an, nachdem er ihn vollgepackt hatte. Das sah natürlich sehr gewaltig aus, aber an Gewicht war das nicht viel.

Seine Frau hatte er an die Boxe geschickt, und sie rauchte dort eine Zigarette. Sie bewahrte die Kippe schön auf. Inzwischen fuhr der Hans mit seiner Maschine ruhig um den Nürburgring und stellte sich direkt in die Einfahrt bei Breidscheid hinter die Hecke. Als er den BMW-Mann oben von der Wehrseifen-Ecke herunter kommen hörte, startete er seine Vincent. Er ließ die BMW vorbei und fuhr dann hinter ihr her.

Ganz besonderen Spaß machte es ihm natürlich, daß er aufrecht sitzen konnte. Und eigentlich hatte er vorgehabt, dem BMW-Mann zu erzählen, sein Motorrad sei eine englische 250-ccm-Maschine. Aber als der Doc beim ersten Kennenlernen doch nicht aussah wie ein Greenhorn, da brachte er es nicht fertig, ihm das auch noch anzutun. Seine Vincent-Frau aber hatte die abgerauchte Kippe auf den Boxenrand gelegt und war wieder zurück ins Zelt gegangen. Als der Hans an der Boxe ankam, da stellte er blitzschnell seine Maschine auf den Ständer, zog sich seine Jacke aus, riß den Helm vom Kopf, die Handschuhe von den Händen, nahm die Kippe, zündete sie an und tat ein paar Züge. Und gerade, als der Arzt mit seiner BMW kam, war nur noch ein Fingerbreit Zigarette übrig.

Es war wie das Märchen von dem Wettlauf zwischen Hase und Igel.

Da die Vincent — man kann ruhig sagen in ganz Europa — kein bekanntes Motorrad war, so erregte sie natürlich nicht nur Aufsehen, wenn sie auf irgendwelchen Parkplätzen stand. Der Vincent-Hans hatte da noch manche tollen Abenteuer zu bestehen. Einmal schilderte er mir eine Episode auf der Autobahn München-Salzburg. Ein so starker Verkehr war damals 1955 nicht wie heute, und so konnte man mit sportlichen Fahrzeugen noch ziemlich schnell fahren.

Das Tempo betrug etwa 150 km/h, als er von hinten langsam an einen Mercedes herankam. Er sah deutlich, wie der Fahrer in den Rückspiegel schaute und stutzte. Denn es kommt wohl selten vor, daß man als Autofahrer bei diesem Tempo einen Motorradfahrer hinter sich hat. Daraufhin legte der 220er etwas zu. Nach einer Weile fuhr man mit knapp 160 km/h über die Autobahn.

Wieder schaute sich der Wagenfahrer im Rückspiegel an, was hinter ihm herfuhr. Aber er konnte seine Augen wischen, wie er wollte, das Motorrad ging nicht weg. Man sah deutlich, daß er es eigentlich nicht glauben wollte, und als er nun noch ein wenig schneller fuhr, und immer wieder in den Rückspiegel sah, und immer wieder feststellte, daß das Motorrad *immer* noch da war — da schüttelte er mehrfach den Kopf.

Jetzt war der Zeitpunkt für unseren Vincent-Hans gekommen. Er begann mit seinem Scheinwerfer zu blinken.

Der Wagenfahrer schaute wieder nach hinten und zog nach rechts auf die andere Seite der Autobahn hinüber. Und dann schob sich der Hans mit seinem Schwarzen Schatten langsam aber sicher neben den Wagen. Natürlich mußten er und seine Frau sich schön festhalten, daß sie von dem Fahrtsturm nicht von der Maschine geblasen wurden, trotzdem aber bemühten sie sich, sich nicht lang zu machen, um die bildliche Wirkung ihrer nun folgenden Demonstration noch zu erhöhen.

Als der Hans in Höhe des Fahrers war, schaute er kurz hinüber und erblickte ein maßlos verwundertes Gesicht. Schr deutlich schaltete er nun in den vierten Gang und gab Vollgas. Und dann war es so, als bliebe der doch immerhin sehr schnell fahrende Mercedes jäh zurück. Die Vincent mit Passagieren und Gepäck verschwand am Horizont.

Bald kam das Zollhaus an der österreichischen Grenze. Dort hatte der Vincent-Hans etwas Aufenthalt; er schob seine Maschine rechts ran und bockte sie auf. Als er eine Weile gewartet hatte, trat plötzlich ein Mann zu ihnen und fragte, ob er vielleicht der Motorradfahrer wäre, der eben so schnell über die Autobahn gefahren sei und ihn in seinem Mercedes überholt habe. Der Hans lachte und gab das zu. »Ja, mein Gott«, rief der Autofahrer da aus, »was ist denn das für ein tolles Motorrad?«

»Och«, sagte der Hans, und machte eine Handbewegung, »das ist doch bloß die 500-ccm-Vincent. Kennen Sie die nicht?«

»Nein; was geht die denn?«

»Och, diese lahme Krücke geht doch höchstens 120 km/h!«

Der Wagenfahrer machte ein ganz verblüfftes Gesicht und sagte dann:

»Aber Sie sind doch eben mit mehr als 160 km/h an mir vorbeigefahren.«

»Nein, das kann nicht sein«, sagte der Hans, »ich habe Sie zwar überholt, aber das waren nicht mehr als 110 km/h.«

Als Hans und seine Frau längst mit den Zollformalitäten fertig waren und sich anschickten, in Richtung Wien weiterzufahren, da saß der erstaunte Mann hinter seinem Lenkrad und klopfte mit den Fingern am Glas des Tachometers herum.

Der alte Graf von Kotzensteyn

Ich kannte mal einen, den nannten die Motorradfahrer »El Krokodilo«. Er hatte nämlich — als Tierpfleger in einem zoologischen Garten — einmal zwei kleine Krokodile zu Hause in seiner Badewanne groß gezogen. Daß die Biester sich an ihn gewöhnt hatten, das beweist die Tatsache, daß er noch lebt und seine BMW immer noch durch die Lande jagt, wobei er meistens als Reisegepäck sein Banjo mit in seinem Seitenwagen hat.

Ja, und kannten Sie »Sprüchmann«? Er hieß natürlich anders, aber weil er so gern »Sprüch' klopfte«, wußte niemand seinen richtigen Namen. Sprüchmann hatte eine alte sandfarbene Wehrmacht-Zündapp 750 ccm, die wohl noch aus den Arsenalen des deutschen Afrikakorps stammte. Sogar das Truppenabzeichen war noch drauf. Mit diesem Büffel donnerte er über die Straßen — heute hier, morgen da. Oft tauchte er irgendwo unter seinen Freunden auf, holte seine Gitarre hervor und begann, alte

Wanderlieder, Abenteurer-Geschichten, Spirituals und Volkslieder zu singen.
Für Sprüchmann, für El Krokodilo und für sonstige sangesfreudige Ritter der Landstraßen entstand dann das folgende Lied von dem alten Grafen von Kotzensteyn; einer Figur, die für einen Motorradfahrer das Bild eines Kämpfers gegen Vorurteile, Falschheit, Einbildung, Spießertum und Kleinmut ist. Eines Abends wurde das Lied (zu singen nach der Melodie »Wohlauf, die Luft geht frisch und rein«) bei einer Flasche Wein von zwei Motorradfahrern aufgeschrieben, und dann machte es die Runde durch die fröhlichen Zusammenkünfte und an den Lagerfeuern.

Der alte Graf von Kotzensteyn

1. Im Schloß des Grafen Kotzensteyn
da ist es nicht geheuer.
Da scheppert's auf den Gängen rum
seit Jahren und auch heuer.
Was mag das sein, das gar so bummst
die Nächte in den Hallen?
'ne Vincent ist's, mit der die Geister
durch die Säle knallen. —

2. Der Schloßgeist huscht um Mitternacht
umher mit nackten Waden.
Der alte Graf ist aufgewacht:
»Du wirst jetzt aufgeladen.«
Er nahm ihn auf der Vincent mit
und tat mit ihm entwetzen. —
Das Schloßgeist ist auf diesem Ritt
gestorben vor Entsetzen. —

3. Einst wollte Veit von Hobelspan
Burg Kotzensteyn erstürmen.
Der Alte trat die Vincent an:
Der Hobelspan ging türmen.
»Der Graf hat eine Vierlingsflak,
nur die macht solche Knälle,
der haut uns alle in den Sack,
ich türme auf die Schnelle!«

4. Es war ein düstrer Regentag,
kein Hund ging vor die Türe,
die Bäume ächzten Weh und Ach,
es regnete nur Schnüre. —
Der Alte strich sich seinen Bart
und meint: »Das gibt ein Fressen!
Ich gehe jetzt auf Regenfahrt,
die wird kein Mensch vergessen!«

5. Als er sein Roß bestiegen hatt',
hört man sein knarrend' Lachen.
Des Burghofs Lämpchen schimmert matt,
ab ging's mit hundert Sachen.
Den Burgweg rauf der Pfarrer kam —
der schwört seitdem noch heute,
daß er den Teufel flitzen sah.
Das glauben ihm die Leute.

6. Ein Lindwurm ist dem Kotzensteyn
einmal im Weg gelegen.
Der Graf trat schnell den 4. rein
und braust dem Vieh entgegen.
Der Lindwurm sprang vor Schreck ins Meer,

ersoff zur selben Stunde.
Der Graf von Kotzensteyn seither
ist dort in aller Munde.

7. Ins Damenstift zur Badezeit
der Alte sich verirrte,
und durch die Flure lang und weit
im ersten Gang er schwirrte.
Die Damen flohen mit Geschrei
im off'nem Haar und Mieder.
Der Graf hatt' seinen Spaß dabei,
kam oft zur Bad'zeit wieder. —

8. Die Jagd trieb Graf von Kotzensteyn
auf ganz besond're Weise.
Er fuhr in Feld und Wald hinein
und war dabei ganz leise.
Im alt-englischen Trialstil*)
hetzt er den Has' zu Tode. —
Noch heute nennt man dieses Spiel
die »Kotzensteyn-Methode«.

9. Einst hat auch der Gemeinderat
den alten Graf besucht.
Der Alte hat das gar nicht gern,
drum lästert er und flucht:
»Was braucht Ihr Herren, ehrenwert,
wohl jeder 'nen Mercedes? —
Wer hier nicht gern Motorrad fährt,
bewege sich per pedes!«

10. Ein Pferdehändler kam zum Schloß
und sprach zum Kotzensteyner:

»Herr, zeigt mir Euer bestes Roß,
es sei mir nicht zu teuer!«
Da holt' der Graf die Vincent raus,
ließ sechzig Pferde brausen.
Der Händler sitzt im Irrenhaus
noch heute voller Grausen.

11. Der Spaß des Alten war, allein
schnell durch sein Land zu wetzen.
Philister- und Naturverein
die taten sich entsetzen,
sie hoben hoch die Nasen pfoin
und rangen noch die Hände:
»Ja, mit dem Herrn von Kotzensteyn
nimmt's noch ein schlimmes Ende!«

12. Den Kerlen, die dies Lied gemacht
— mit Haut wie Lederschwarten —
den' hat der Alte Spaß gemacht
mit seinen tollen Fahrten.
Laßt alle alten Tanten schrein
mit hochgesträubten Haaren —
der alte Graf von Kotzensteyn
lebt noch in tausend Jahren!

*) »Trial« = Geländewettbewerb für Motorräder mit besonderer Fahrstilbewertung. Seit mehr als 60 Jahren in England beliebt.

Die Alchimisten-Küche

Soo lange ist es eigentlich gar nicht her, und trotzdem kommt es mir vor, als seien es viele Jahrzehnte, die inzwischen um die Runden des Lebens gejagt sind. Manchmal hat man das Gefühl, als ob der schnelle Renner mit der Fabrikmarke »Zeit« sich selbst überträfe. Kaum kriegt man ihn richtig um die Kurve herum, und schon ist wieder eine Runde, ein Jahr vorbei.

Bei einer schweren Geländefahrt 1955 tauchten bei der Abnahme zwei junge Burschen auf, die zwei geradezu sagenhafte Ungeheuer vor sich herschoben. Das eine sah aus wie eine Nachahmung der alten 800er Vierzylinder-Zündapp aus dem Jahre 1938, jedoch in japanischer Version, und von dem anderen Vehikel hätte selbst der älteste Motoren- und Motorradfachmann nicht sagen können, aus was für Gemüse dieses Leipziger Allerlei gekocht war.

Es waren uralte AJS-Motoren, wahrscheinlich um Groschenbeträge aus dem Schrott herausgeangelt, und was sonst noch dran war, was man nicht selber machen konnte, waren ja wohl die Felgen.

Diese beiden »Super-Kriegstmichnicht«-Eigenbau-Spezialmaschinen machten sich unter den wunderschönen, modernen Geländemotorrädern genau so aus wie der alte, ausgemergelte Westläufer Old Wabberly mit seiner Flinte, die um die Ecken schießen konnte, unter einer Versammlung Elefantenjägern mit 25schüssigen 12-mm-Automatikbüchsen vor einer Treibjagd auf Dickhäuter.

Ich wollte diesen beiden sagen, daß sie sich wohl bei Abgabe ihrer Nennung zu dieser schweren Fahrt in der Hausnummer geirrt hätten, denn es lag auf der Hand, daß sie mit diesen Schlitten niemals auch nur über eine Runde kommen würden. Ich habe es aber nicht fertiggebracht. Denn, wie gesagt, es ist immerhin noch nicht lange her, die Zeit ist zwar vorbeigefegt, aber ich habe nicht vergessen, daß auch ich einmal so einen Donnerbolzen voll Stolz einem Abnahmekommissar vor einer Fahrt vorgeführt habe.

*

Damals hatten wir auch kein Geld, aber der merkwürdige Saft »Benzin« saß auch uns in den Knochen. Schon damals hatten wir so viel von ihm genippt, daß wir nicht mehr davon loskamen, und unsere freien Stunden waren damit ausgefüllt, alle erdenklichen Pläne und Ränke zu schmieden, um in den kostbaren Besitz eines zweirädrigen Untersatzes zu kommen, mit dem man die ganze Konkurrenz aus dem Felde schlagen könnte.

Es ist gut, wenn man sich an diese Zeit erinnert. Es ist gut, wenn man weiß, was eigentlich an einem Motorrad dran sein kann, damit man begreift, welches kostbare Instrument man in der Hand hat, wenn man eines Tages wirklich einen neuen »Elefanten« aus dem Laden erhält, von Konstrukteuren und Versuchsfahrern entwickelt und — hoffentlich — ausgereift.

Da kannte ich einen, der war der Sohn des Besitzers einer großen Maschinenschlosserei, und er hatte sich im fünften Stock des Werkstattgebäudes etwas eingerichtet, was sie geheimnisvoll »Alchimistenküche« nannten. Dort oben wurden mit den primitivsten Mitteln die wunderbarsten Motorräder zusammengebaut, die (wie ich mir damals einbildete) je gefahren wurden. Es gab allerhand Werkzeug, auch ein Schweißgerät, und wenn der Alte nicht da war, konnten sie sogar eine Drehbank benutzen.

Allerdings gab es keine Möglichkeit, die Maschinen, die sie dort zusammenbastelten, auf zwei Rädern hinein oder hinaus zu transportieren, und so hievten sie sie mittels eines Kranes, der am Dachfirst befestigt war, vom Hof aus durch die freie Luft hinauf in den fünften Stock. Wenn es abends dunkel wurde und die Nachbarn die Winde quietschen hörten, hieß es: »In der Alchimistenküche sind sie wieder beim Mixen!«

Was wurde dort alles zurechtgemacht! Aus Schrotteilen wurden ganze Motoren gebaut. Aus alten, abgelegten Rohrabfällen entstanden die schönsten Federbettrahmen. Da war zum Beispiel der Alex, der irgendwoher eines Tages einen uralten englischen Velocette-Motor anschleppte, schätzungsweise Baujahr 1924, ihn auf die Werkbank stellte und behauptete, daß er jetzt damit Grasbahnrennen fahren würde. An dem Motor schien noch alles dran zu sein, nur war er so eingerostet, daß er selbst mit Gewaltanwendung nicht auseinander zu bekommen war.

Es dauerte eine Woche langer, harter Nachtarbeit, bis sie tatsächlich die Teile auf dem Tisch vor sich liegen hatten und feststellten, daß der Kolben nicht mehr vorhanden war. Alex' Träume von großen Siegerkränzen, von großen Grasbahnrennen nahmen ein großes Ende. —

Doch eines Tages war ein Kolben da. Der heilige Christopherus mag wissen, woher er kam. Böse Zungen behaupteten, es sei ein Jeep-Kolben, andere wieder wollten wissen, daß es ein bereits vorgearbeiteter Rohling zu einem 5-kg-Gewicht der Stadtwaage sei, und ihr werdet es nicht glauben, aber der Kolben wurde »passend gemacht« und eingesetzt. Die Ventile wurden eingeschliffen, und eines Tages war der Motor tatsächlich wieder zusammen. Inzwischen hatte der Günther einen piekfeinen Rahmen entwikkelt, mit einer Schwinge hinten und einer Gummibandfederung und -dämpfung, denn zu echten hydraulischen Dämpfern reichte es nicht. Sogar eine uralte Zündapp-Trapezgabel konnte man auftreiben, und man stellte furchtbare »Berechnungen« für Steuerwinkel und Nachlauf an. Nachdem Einigkeit aus den verschiedenen Rechen-Ergebnissen erzielt war, wurde der Rahmen zusammengeschweißt und zusammengeschraubt, und dann kam der große Tag, an dem der Alex stolz im Programm zu lesen war. Unter der Fabrikmarke »Velocette«. Klar, daß der Vogel knallrot angestrichen wurde.

Als das Training zum Rennen begann, war allerdings schon die Lebensdauer des »Roten Teufels« vorbei, denn schon in der ersten Runde gab es einen furchtbaren Knall, und was vom Motor übriggeblieben war, konnte man zum Teil mit Vergrößerungsglas und Pinzette aus den Gräsern heraussammeln. — Mit dem Rest der Ersparnisse ertränkte man seine Enttäuschung im Alkohol — und machte schon wieder neue Pläne: »Wir müssen einen eigenen Motor bauen, und wir müssen eine Straßen-Rennmaschine bauen, und es wäre doch gelacht, wenn wir so etwas nicht zurechtbekämen.«

Es dauerte Wochen, bis alles beisammen war, was gebraucht wurde. Ein altes OSL-Kurbelgehäuse, eine alte OSL-Kurbelwelle, ein Pleuel, ein paar Ventile usw ... Der Heiner stiftete ein uraltes Albion-Getriebe, und die ersten Berechnungen waren schon zu Papier gebracht. Einer hatte »ausgerechnet«, daß man bei einer Verdichtung von 1:9, einem Hubraum von 248 ccm, polierten Kanälen, Leichtmetallpleuel, übergroßer Einlaß- und normaler Auslaßöffnung, bei einer entsprechenden Bearbeitung der Schwungmassen, dem entsprechenden Vergaser und günstigen Ventilzeiten — der Günther hatte sogar einen Amal-TT-Rennvergaser besorgt — und einem Eigengewicht der Maschine von etwa 120 kg mit diesem Vogel auf runde 150 km/h kommen müßte. Sogar die Konstruktion des Zylinders war schon fertig, und die Gußform machte man sich auch selbst.

Erspart mir, Freunde, den Bericht über die Gießarbeit! Beim dritten Mal riefen die Nachbarn die Feuerwehr. Aber beim siebten Mal war tatsächlich ein Zylinderrohling da, wie er wohl nicht

besser in der schönsten Gießerei zustande gebracht wird. — Jetzt aber machte der Alte einen Riesenkrach, denn die nächtliche Klopferei, Hämmerei und Feilerei dort hoch oben in der olympischen Mixerküche ging ihm auf die Nerven, zumal auch sein Sohn alles andere im Kopf hatte als den regelmäßigen Geschäftsgang des Unternehmens.

Sie hielten es für ratsam, sich für einige Wochen in ihrer »Alchimistenküche« nicht mehr sehen zu lassen, und studierten währenddem eifrigst auf den diversen Bauernrennen der Umgegend die Konkurrenz.

Der Günther hatte eine Zeichnung eines berühmten Rahmens einer noch berühmteren Rennmaschine — Norton — und konnte nicht schlafen vor Begierde, einen solchen Rahmen für den Eigenbau zurechtzumachen. Eines Tages kam er dann auch an und erklärte, daß sie nunmehr wieder bauen könnten, da sein Alter für einige Zeit zur Kur gefahren sei. In diesen Wochen entstand ein Motorrad, von dem die Experten der Gegend noch heute mit Geschmacksfäden im Munde wahre Wunder berichten.

Nachdem der Motor sauber zusammengesetzt war und alles nach Berechnung stimmen mußte, hängten sie ihn in ein altes OSL-Fahrgestell, nur um ihn einmal laufen zu hören. Im Morgengrauen eines frühen Sommertages probierten sie voller Angst, was sich ereignen würde, ihren Motor dann auf der alten Betonbahn des früheren, jetzt leeren, Militärflugfeldes aus. Es war eine 3,5 km lange Rundstrecke, und die schnellste Runde wurde mit 118 km/h gestoppt. Auf der langen Geraden kamen etwa maximal 152 km/h heraus. Sie waren wie betrunken vor Stolz und Freude, verpackten dieses kostbare Stück erneut auf den alten klapprigen Tempowagen und fuhren es wieder zurück, hievten es in den fünften Stock hinauf und gingen daran, es in das Fahrgestell einzubauen, das sie für ihre Rennmaschine vorgesehen hatten. Es wurde ein »Bananentank« konstruiert — ich weiß nicht, wie lange der Max an dem herumgeklopft hat — und eines Tages gab der Rennfahrer, der Fritz, seine Nennung auf einem Straßenrennen für den Nachwuchs ab.

Ehrensache, daß sie alle da waren, und ihre Ratschläge überstürzten sich, bis sie sich darin einig waren, daß der Fritz zuerst einmal probieren solle, was er überhaupt mit diesem Schlitten in der Konkurrenz ausrichten könne. Das Ergebnis war ein 6. Platz, und was für sie noch viel wichtiger war, ein noch intakter Motor. Und der 6. Platz, das war ihnen klar, war eine falsche Übersetzung gewesen. Also wurde neu gerechnet, neu gebaut. Es mußten andere Getrieberäder herbeigeschafft werden. Sie versuchten, das Gewicht noch zu verringern, dachten an eine bessere Schmierung des Motors und bekamen sogar einen alten Rennmagneten geschenkt. Es wurde wieder probiert, und der Fritz fuhr ein Rennen, und es brachte ihm den ersten Platz ein.

Von da ab stimmte die Sache, und wo die sagenhafte Ultra-Super-Wetzmaschine auftauchte, da war immer was los, und eines Tages erlebten sie wohl den größten Triumph, als der Fritz beim Stadtparkrennen bei schwerster Konkurrenz den 2. Platz belegen konnte.

Es kam die Zeit, da sie von zu Hause weggingen und sich überall in der Weltgeschichte herumtrieben, und sie vergaßen die köstliche Zeit in der »Alchimistenküche« im fünften Stock. 1954 aber sah ich diese Maschine wieder, und zwar als Untersatz eines meiner damaligen Freunde, der inzwischen die Lizenz erworben hatte und an einem großen Rennen teilnahm. An diesem Tage fuhr sie sogar gegen Industriemaschinen den 6. Platz heraus. Etwas später sah ich sie auf dem Nürburgring und noch etwas später auf einem Rennen in Mitteldeutschland, dann verwischte sich die Spur, und ich habe das Motorrad nur noch einmal wiedergesehen in einer holländischen Motorrad-Fachzeitschrift, wo es als enorme Bastelarbeit beschrieben war mit einer märchenhaften Erfolgsserie.

Die »Alchimistenküche« ist vielleicht längst im Betrieb der Schlosserei untergegangen. Vielleicht findet man noch irgendwo auf längst vergessenen Borden und Brettern im Dunkeln des Lagers Teile von verstaubten und verrosteten Motoren und Getrieben. Vielleicht hängt auch noch der alte, morsche Siegerkranz vom Fritz von seinem ersten Sieg irgendwo vergessen in einer dunklen Ecke. Sie alle aber hat das Leben in alle Winde verstreut. Doch wenn Sie einmal wieder zusammenkommen, dann werden sie von jener Alchimistenküche und von dem märchenhaften Renner erzählen. Es ist davon etwas hängen geblieben, von dem sie wohl nicht mehr loskommen, und als ich 1955 die beiden sah, die ihre eigenen, eigens hergerichteten Donnerbolzen bei der schweren Geländefahrt zur Abnahme schoben, hätte ich sie am liebsten untergehakt und beiseite genommen und sie ausgefragt, wo sie *ihre* »Alchimistenküche« denn haben.

Nach dieser Begegnung kam ich nach Hause und schob mein Motorrad in die Garage. Natürlich war an ihm nichts kaputt. Aber, liebe Freunde, ich hatte auf einmal das Bedürfnis, die Zylinderdeckel abzumontieren und mal eben nach dem Ventilspiel zu sehen, und ich habe dabei den ganzen Nachmittag zugebracht und still davorgesessen und von der alten Alchimistenküche geträumt.

Bullerjan

Vor dieser Geschichte ist etwas zu bemerken:
Man mag meinen, daß es die Geschichte eines schlechten Motorrades sei, und daß alle diese Typen solche Unarten hätten.
Dazu möchte ich grundsätzlich sagen, daß eine solche Ansicht falsch ist. Inzwischen sind einige Jahre ins Land gezogen, und die heutigen großen Harley-Maschinen sind von derselben guten Qualität wie vor dem Krieg. Aber bei jeder Marke und bei jedem Maschinentyp gibt es »Ausreißer«. Es gibt *keine* Maschinenmarke, von der man nicht ähnliche Dinge berichten könnte. Und sogar berühmte Markennamen sind nicht immer das Gold, das Sporterfolge oder frühere Glanzjahre versprechen!
Die Geschichte von Bullerjan und seinem Fahrer Alois steht hier für viele. Sie ist weniger die Geschichte eines Motorrades — sie ist viel, viel mehr die Geschichte eines Motorradfahrers, der eine Zähigkeit demonstriert, von der sich Außenstehende kaum eine Vorstellung machen. Es ist die Geschichte, die aufzeigen soll, was Motorradfahren bedeuten kann. Es zeigt, daß auch heute noch im Zeitalter der Elektronik Motorradfahrer eine Art Pioniere der Kraftfahrt geblieben sind. Daß zum Motorradfahren mehr gehört als nur Geld und Begeisterung.
Dieser Sport prägt Menschen besonderer Eigenart, und er wäre längst nicht mehr, würde es nicht Männer wie Alois geben. Die Geschichte von Bullerjan aber erzählt auch, was es eigentlich ist, was immer und immer wieder der Magnet für die Menschen ist, ihre Motorräder zu lieben wie die Reiter ihre Pferde.

Im Mai 1962 war Bullerjan auf einem Frachter über den großen Teich nach dem engen, alten Europa geschwommen; mit Vorschußträumen und mit gewaltigen Erwartungen von seinem neuen Herrn und dessen Freunden bedacht. »Harley-Davidson« — das war ein unverwundbarer Nimbus, das mußte die Krone des Motorradfahrens sein! Man würde Kaiser auf den Straßen sein, unschlagbar an Kraft, unschlagbar an Ausdauer und Qualität. Wer wäre bei der geringen Hubraumleistung in der Lage, diesen Elefanten zu zerdrehen?
Wer aber hatte sonst noch eine Maschine mit 60 PS Motorleistung?
Eines Tages lief dann auch unser kleines Dorf zusammen, als der Alois mit seiner neuen FLH 74 zur ersten Reise bei uns aufkreuzte. Im selben Augenblick hatte das Ungetüm seinen Namen weg. Ich taufte es »Bullerjan«. So nannte man in meiner norddeutschen Heimat einen gutmütigen Choleriker; einen polternden, aufbrausenden Typ von meist mächtiger Körperstatur, wie man ihn auf den Schiffen und den großen Bauernhöfen immer wieder findet.
Und die ersten Begegnungen und Zusammenkünfte auf der Straße mit Bullerjan bestätigten seinen Namen.
Es ist für einen Motorradnarren unmöglich, dieser gewaltigen Maschine mit Nüchternheit zu begegnen, sie nur sachlich zu betrachten. Wer das fertigbringt, dem fehlt irgendwo das gewisse Etwas, was zu einem eingefleischten Motorradfahrer gehört. Dabei ist es egal, ob man die große Harley leiden mag oder nicht — aber in jedem Falle wird bei einem Windgesicht das Temperament überschäumen. So oder so. Es gibt Männer, sogar unter denen, die eine Harley besitzen, für die gibt es keine normale Welt, keine normalen Gesichtspunkte mehr — für die gibt es nur noch eine Harley-Welt und Harley-Gesichtspunkte. Ob es sich ums tägliche Brot oder ums Fernsehen dreht. Für sie gibt es nichts

Besseres, nichts Schöneres, nichts Zweckmäßigeres usw. Die Harley-Zubehörteile und Ausrüstungsgegenstände sind für sie wie Parteiabzeichen. Dann gibt es welche — sie verkörpern die Menschen mit dem Hang zum rationalisierten Modernen — die lehnen Bullerjan von innen heraus ab, sie hassen ihn geradezu. Nicht, weil jemand sie mal mit so einem Dampfer abhängte, sondern weil dies Motorrad ihnen zu »unmodern, zu amerikanisch, zu angeberisch, zu grobschlächtig« erscheint. Fremdartig und scheinbar kaum passend in der europäischen Welt. Seit 50 Jahren unverändert altbacken. Dann gibt es welche, denen gelang es wohl einmal, einen Harley-Mann mit einer BMW oder sowas abzuhängen — vielleicht nur für einige Überraschungsminuten (!) —, aber das hat ihr Selbstgefühl so angehoben, daß von dem Tage an auch eine Harley für sie nichts Besonderes mehr zu sein scheint. So sagen sie jedenfalls (und heimlich denken sie ab und zu: »Möchste doch mal ausprobieren, das Nilpferd!« Aber das würden sie nie und nimmer, nicht mal auf der Folter dritten Grades, zugeben!).

Jetzt aber habe ich einen — und damit eine neue Motorradfahrer-Kategorie — kennengelernt, der keine achteckige Harley-Uniform-Mütze aufsetzt (vielleicht zum Fasching), der keine Komplexe bekam, sondern der erlebte, daß man sich mit einem Motorrad zusammenraufen muß. Daß es zu kämpfen, zu arbeiten, zu schwitzen, zu opfern gibt. Daß das Dasein eines Motorradfahrers mit einer riesigen Maschine nicht aus überlegenem Lächeln und geringschätzigem Betrachten der übrigen »Mopeds« besteht, daß eine Harley kein Super-Motorrad, kein Extrem ist, sondern daß sie gehegt, gepflegt, umsorgt und bemuttert werden muß wie jedes andere Motorrad auch. Es ist eben ein so großer Metallberg. Dieser Mann war Alois.

Alois' Freuden mit Bullerjan begannen sehr bald, aber Alois' Leiden mit Bullerjan blieben auch nicht lange aus. Denn er ist einer jener Fahrer, die den Prospektangaben Glauben schenken und wirklich das fahren, was man billigerweise bei 60 PS aus 1200 ccm und einem Preis von fast DM 10000.— für das Gespann verlangen kann. Im schönen Sommer kam ein kleiner Ausflug von Stuttgart nach Salzburg (Entfernungen unter 500 km dürften für Bullerjan ja wohl kleine Ausflüge bleiben!), und dabei entdeckten Bullerjan und sein Herr, daß erstaunlicherweise die Batterie totkochte. Nein, nein — nix Regler, liebe Freunde! Die Batterie hatten findige Konstrukteure in einen Ausschnitt inmitten des Öltanks unter die Sitzbank verlegt (dieselben Konstrukteure, die eine Hinterradbremse wichtiger als eine Vorderradbremse nehmen!). Natürlich wurde die Ärmste bei konstanter Ölerhitzung und bei 140 km/h Autobahn-Dauertempo (ist doch nicht zuviel für den Solo-Bullerjan!) zu warm und endlich trokken. Nach einer halben Stunde schon war sie heiß. Alois schmiß die Harley-Batterie raus und baute eine deutsche Nickel-Kadmium-Batterie ein. Zwischen die Wände des Öltanks und den Elektrizitäts-Speicher packte er viel Styropor zur Isolierung. Erfolg: Erst nach einer Stunde wurde die Batterie heiß.

Bis 18 000 km hatte Alois Geduld mit Bullerjans Elektrik, dann besorgte er sich die Polizei-Batterie (6 V, 51 Ah für Funksprech) und einen anderen Öltank — beides sitzt jetzt für sich nebeneinander. No Hitze — very good Batterie! Fragte er mich: »Meinen Sie, daß die da in Amerika mit den Bullerjans nur jeweils 50 Meilen von Kaffeebar zu Kaffeebar fahren? Schon wegen der kleinen Tanks?« — Ich war noch nicht in Amerika und konnte Alois nicht trösten.

Bei Kilometer 6600 (2000 km nach der toten Batterie) gab es einen Garantieschaden im vorderen Zylinderkopf. Wurde anstandslos ersetzt. Das Teil war innerhalb von 10 Tagen von Milwaukee (USA) via Hamburg in Stuttgart!! Aber der Alois schleppte das erste Mal seinen Motor zur Demontage in den zweiten Stock. Vielmehr Teile davon, denn zum Transport des ganzen Motors wären vier dicke Möbelträger nötig — die ständen sich aber auf der Treppe gegenseitig im Wege. Hier so ein paar gewichtige Zahlen: Kurbelwelle 17,5 kg (Kreidler Florett 50 ccm: 1,5 kg); Zylinderkopf 7 kg; Zylinder 5 kg; Kupplung komplett 8,5 kg. Die ganze Maschine wiegt solo 290 kg leer, das Gespann ungefähr 425 kg. Die zulässige Achslast für die Reifen 5.00-16 beträgt pro Rad 700 kg (!).

Naive Kerle werden jetzt fragen: »Wieso in die gute Stube? Ist denn keine Vertretung da?« Und wir werden antworten: »Nein, es ist keine da. Und wir kennen in Deutschland auch nur *einen* professionellen Handwerker, der mit Harleys umgehen kann. Das ist der Onkel Heini, seines Zeichens ein ausgekochter Harley-Meister beim Generalvertreter. Und der ist für eine kaputte Harley sehr weit weg.« Außerdem kann der Alois als Edelbastler, Modellbauer, Eisenbahner, Hochfrequenz-Laborleiter, Vater von vier lieben Kinderchen, Besitzer eines Caravans, einer Geschirrspülmaschine, einer Modelleisenbahn, als Fotograf und langjähriger BMW-Motorradfahrer unheimlich gut basteln, schlossern und bauen. Seine Werkzeugsammlung ist eine Wallfahrt wert. Es stand für ihn vom ersten Tage an fest, daß er seinen Bullerjan nie in fremde Hände geben würde.

Normale Verschleißerscheinungen: bei 11 000 km Hinterradkette neu. Das Ding läuft ungeschützt dicht am Hinterrad vorbei. Bis 13 000 km hatte Herrchen nun endgültig festgestellt, daß Bullerjan an den wichtigsten Stellen gehärtete (!) Muttern besitzt; bei Abrutschen mit dem Werkzeug hat der Schlüssel eine Macke weg — nicht die Mutter. Sogar bestes Chrom-Vanadium-Werkzeug. Inzwischen war auch schon das Signalhorn wegen asthmatischer Schwäche gegen zwei Bosch-Starkton-Hörner ausgetauscht.

Dann kam im Winter die oft erzählte Rückfahrt vom Elefantentreffen, von der Icke mit dem eisernen Hintern, der im Seitenwagen saß, noch heute erzählt. Da tat es nämlich bei 15 000 km plötzlich kurz vor der Haustüre einen Donnerkeil — und ein Pleuel war ab. Ratzekahl abgerissen.

Pfui, Bullerjan! —

Und so stellte Alois fest, daß man bei den Harleys darauf aufpassen muß, daß die Pleuel auf den Hubzapfen nicht zu eng aufgepaßt sind! Das Pleuel versucht bei zu enger Passung des Rollenlagers zur Seite wegzuwandern, dann reibt es schließlich an der Schwungscheibe, und eines Tages kracht es dann gewaltig wie in einem Steinbruch.

Eine neue Welle, neue Pleuel, neue Kolben, ein neuer Zylinder waren fällig. Und weil nun der Bullerjan zur Operation doch wieder in die gute Stube mußte, wurde ihm auch gleich ein »individuelleres« Getriebe verpaßt. Alois änderte die Schaltwalze des handgeschalteten Dreigang-Rückwärtsgang-Getriebes so um, daß er es mit der Fußschaltungsautomatik bedienen konnte. Ein Elektromagnet — vom Lenker aus schaltbar — sorgt für die Sperre des Rückwärtsganges. Jetzt kann er vorwärts und rückwärts mit Fußschaltung fahren.

Bei 16 500 km erlitt Bullerjan wieder eine Kopf- und Zylinderdemontage, weil er immer noch nicht so richtig in Fahrt kam.

Bei 125 km/h war mit Seitenwagen der Ofen aus. Diagnose: Zu enge Bolzenpassungen, die Dinger liefen schon blau an. Also aufreiben. 500 km später war die Harley-Zündspule hin. Weil eine neue jedoch teurer als zwei Bosch-Hochleistungsspulen zusammen war, besorgte man sich letztere und baute diese ein.

Aber das Abenteuer war noch nicht beendet. Bei 18 600 km riß auf einer Reise nach Hamburg die Primärkette und wenige Kilometer weiter als Folge davon (verklemmte den Kupplungskorb) die Sekundärkette. Auf der Autobahn.

So was schreckte den wackeren Bullerjan-Reiter aber schon nicht mehr. Flugs packte er neue Ketten aus dem Seitenwagen aus (tja, tja — Ersatzteile gibt es eben nicht in jedem Dorf!), montierte und fuhr weiter. Kleine Fische! Wer wird da was sagen?! —

Bullerjan sagte aber doch was. Er protestierte dagegen, daß man noch nicht gemerkt hatte, wie sehr seine Zylinderköpfe durch eine gebrochene Abstützung oben unter dem Tank bei den Vibrationen des Motors selbständig jeder für sich hin und her schwangen. Sein Protest war ein Riß des Kurbelgehäuses — zunächst nur an einem gewaltigen Ölverbrauch zu merken. Stuttgart—Hamburg und zurück in 21 Stunden ca. 30 Liter! Ständig zog Bullerjan schimpfend blaue Fahnen hinter sich her.

Das Spiel »Hast Du Nerven?« oder »Mensch ärgere Dich nicht!« zwischen Bullerjan und Alois strebte seinem Höhepunkt zu. Denn bei der neuerlichen Demontage in der Wohnung daheim (Alois kennt inzwischen alles auswendig und montiert seinen Bullerjan mit verbundenen Augen) zeigte es sich, daß ein Pleuel schon wieder seitlich gewandert war. Auf 4000 km hatte es fast 1,5 mm von der Begrenzungsscheibe abgerieben! — Da hatte jemand den bei 15 000 km neu gelieferten Kurbeltrieb nicht kontrolliert — die Passung am Hubzapfen war *wieder* zu eng gewesen. Nun machte Alois Nägel mit Köppen: er ließ niemanden mehr ran, er läppte den Hubzapfen selbst, so daß dieser mit dem Druck des Eigengewichts durch das Lager ging. Nur das Kurbelhaus ließ er in Stuttgart schweißen. Der Chef des Hauses, der immer keine Zeit und schrecklich lange Lieferzeiten hat, der sagte: »Waaas? Ein Harley-Kurbelhaus? Ja, geben Sie es gleich her. Ich habe früher auch eine Harley gehabt und eine Brough-Superior!« Und dann war das Gehäuse am nächsten Tag fertig.

Und das war das Ende der Auseinandersetzung! Bullerjan hatte eingesehen, daß man mit Launen einem hartgesottenen Rauh-Reiter à la Alois nicht beikommen kann. Er ist ruhig geworden, er legt nicht mehr die Ohren an, sondern er spitzt sie.

Und mit einem Male geht das Gespann ehrliche 145 km/h — ! Neulich durfte ich im Seitenwagen sitzen. Alois gab dem Ungetüm die Sporen, das Viech stampfte los wie irre —! Ich hatte bei

der Beschleunigung im Seitenwagen das Gefühl, als säße ich auf einer R 50 solo —! Heidenei, Bomben und Laudon —! Und der Alois strahlte. S-t-r-a-h-l-t-e !

Jetzt, jetzt ist es soweit! Der Bullerjan ist dressiert, nun zeigt er seine Kräfte erst richtig, nun macht es ja erst Spaß! Und schon hatte man ihm ein neues Armaturenbrett an den Lenker gebaut. Mit Smith-Tacho, Motometer-Öltemperaturmesser (denn die Kontrolle ist wichtig!), Uhr, Ampere-Meter. Schnell wurde der Primärantrieb noch richtig dicht gemacht. Das Öl darin zirkuliert und wird über einen Filter ins Kurbelhaus des Motors zurückgeleitet. So wird also die für dieses Drehmoment (9,0 mkp bei 3200 U min) eigentlich unterdimensionierte Duplexkette 1/2 x 5/16 besser geschmiert, gekühlt, und nun wird sie besser halten. Die Hinterradkette bekam eilends aber sauber eine bessere Abdeckung zum Reifen hin, so daß man ihr Leben auch etwas verlängern kann. Die Kotflügel wurden mit Zink flammgespritzt, eine Lichthupe kam her, Blinker, Rückfahrscheinwerfer, und endlich ist auch ein größerer Tank im Bau. Das ist bitter nötig, denn bei Gespannbetrieb sind die 14 Literchen ja bei 100 km alle, und dann nützt das schnellste Müllern nichts — die Tankpausen machen jeden guten Reiseschnitt zunichte.

Alois gehört nicht zu den Typen, die eines störrischen Gaules überdrüssig und endlich müde werden. Der gehört zu den ganz großen Tierbändigern, Raubtierzüchtern und Dompteuren. Sein Bullerjan ist sein Qualitätsschild, und wenn er noch einmal wieder in seinem Leben eine Harley anschafft, dann kennt er sich jetzt aus bei diesen Sauriern. Nur: Bullerjan wird wohl noch lange, lange bei ihm bleiben, denn wer eine Harley bändigte, der gibt sie nicht mehr her. Weil es letztlich doch nichts Besseres, Schnelleres, Mächtigeres, Ungestümeres, Härteres gibt. Glauben Sie's nur.

Einem wirtschaftlich denkenden Zeitgenossen dürfen Sie die Geschichte von Bullerjan nicht erzählen. Der wird verständnislos den Kopf schütteln, sagen: »Det begreife wer will. Icke nich —!« und seines Weges gehen. Aber erst wird er sich noch einmal oder mehrere Male umdrehen, uns anschauen und den Kopf nochmal schütteln. Wir aber wollen feststellen: auf eine Harley paßt nicht jeder! Ein Playboy, der damit seinen Miezen imponieren will — der steigt *gleich* um, wenn er merkt, daß die Miezen einen Jaguar-XE lieber mögen. Ein Mann, der nicht selbst schlossern, elektrikern, bauen und pfriemeln kann, der ist auch bald soweit »Verkaufe Harley, wie neu«! Übrig bleibt eine ganz spezielle Sorte. Die aber muß sich mit Bullerjan zusammen*raufen!* Entweder der Bullerjan siegt — dann besteht die Gefahr, daß der Fahrer zum Angeber aus Verlegenheit wird. Oder der Mann siegt über Bullerjan. Dann wird er wie Alois. Ich habe ihm gesagt, daß er nicht mehr mein Freund ist, wenn er Bullerjan verkauft. Da hat er gelacht und gemeint: »Sooo alt und arm bin ich noch nicht. Humor habe ich auch!«

Hier sind wir bei einer Sache angelagt, die beim Umgang mit Motorrädern und Motorradfahrern wichtig ist: *Humor.* Davon muß nicht nur derjenige eine Menge haben, der mit einer Maschine à la Bullerjan gesegnet ist. Auch eine brave Sozia sollte sich einem Motorradmann nur mit einer gehörigen Portion Humor nähern. Stellen Sie sich vor, sehr verehrte Leserin und Freundin, *Sie* seien mit Alois (und damit auch mit Bullerjan!) verheiratet — !
Sie würden dazu noch etwas wissen müssen: Motorräder haben etwas sehr Eigenartiges an sich. Wenn ein Mann sich so einem Ding nämlich nähert und ist davon noch fünf Meter entfernt, von welchem Abstand er die Maschine noch gar nicht angerührt haben kann, dann — riecht er nicht nur sofort nach Benzin und »schnellem« Öl, dann ist er auch gleich dreckig. Damit fängt das Problem nämlich schon an. Sehen Sie hier:

Und wie dieser Ölfleck riecht — ! Schnuppern Sie nur mal eben! Guut, oder nicht? Und das, obwohl ich nur von Motorrädern erzähle und gar keine in der Nähe sind. Tja, und dann das ewige Gerede von Motorrädern, und die ewige Unruhe, wenn den Göttergatten der Hafer wieder sticht. Es ist schon ein Kreuz!
Deswegen wollen wir — eingedenk der Zumutungen und Leiden, die unsere Motorradfrauen laufend von uns Benzingetauften einstecken müssen — ihnen allen hiermit unsere Achtung, unsere Verehrung, unseren Dank und unsere Zuneigung aussprechen. Besonders jenen, die auch mit uns fahren und jenen, die solche tollen Vertreter unserer Zunft umsorgen müssen, wie es Alois und Bullerjan sind.

»Erregung öffentlichen Ärgernisses«

In einem romantischen Flußtal zwischen Felsen und Weinbergen kannte ich mal einen ganz großen Motorradfahrer, der mit Vornamen Artur hieß. Als er seine neue Maschine bekam — eine 750 ccm Norton »Atlas«, Zweizylinder, Viertakt, ohv, ca. 50 Pferde — da war er nicht mehr zu halten. Sein Freund hatte eine neue Leica mit einem 135er Tele dazu gekauft, und schon war es klar, daß das erste Foto von Artur auf der Norton sein mußte. Jeder Motorradfahrer braucht doch ein Bild von sich auf seiner Maschine, und das nicht etwa als Standbild neben dem aufgebockten Schlitten. Nein, so ein Foto muß »schnell« sein. Es muß Roß und Reiter mit full speed zeigen. Wer eines hat, das ihn in großer Schräglage in einer schweren Kurve zeigt, der ist ganz besonders fein raus.

Im Flußtal gab es feine Kurven um die Felsennasen der Weinberge herum. Und besonders eine war berühmt und berüchtigt bei den Motorradfahrern der Gegend. Das war die Ecke hinter dem Gasthof »Zur Bunten Kuh«. Die Straße machte dort eine 90°-Biegung, und wenn man von Westen her kam, dann war es noch besonders eigenartig — in Höhe des Gasthofes, der als Ausflugs- und Weinlokal direkt neben der Straße lag, machte die Straße einen kleinen Buckel, der den Verlauf des Kurses so verdeckte, daß man als schnell herankommender Fahrer überraschend den Eindruck hatte, gegen die Felsenwand zu fahren. Aufgrund dieser optischen Täuschung waren dort schon mehrere Unfälle passiert, und weil dazu noch das schnelle Durchfahren der etwas welligen

Kurve nur wirklichen Fahrkünstlern ohne »Fliegen« gelang, so war also ein Foto, das den Artur auf seiner Norton in großer Schräglage in der Kurve an der Bunten Kuh zeigte, mindestens so viel wert wie ein Bild mit Siegerkranz und Schleife von einem schweren Rennen. Man beschloß also, so lange immer wieder durch die Kurve zu brausen, bis es dem Fotografen gelungen war, einen guten Schuß anzubringen.

Als die Filmexpedition an der Felsenkurve ankam, da stellte man zuerst enttäuscht fest, daß die Straße eine neue Oberfläche erhalten hatte. Es mußte gerade am Vortag mit den Bauarbeiten Schluß gewesen sein, denn über der neuen Teerdecke lagen noch lose Sandspuren, Rollsplitt, feine Körner. Zuerst wollten sie umkehren, aber dann merkte der Artur bei einer Probefahrt, daß es hinter der Maschine auf diesem Untergrund eine feine Staubwolke gab. Staubwolken wirken immer »schnell« — auch wenn es nur 50 km/h sind. »Los, wir probieren den Spaß!« Es wurde ausgemacht, auf welchem Strich die Norton gehen sollte, wo der Fotograf zu stehen hatte usw.

Gegenüber dem Gasthof »Zur Bunten Kuh« stand ein Eisverkäufer mit seinem Karren. Hohe Konditormütze auf dem Kopf, weiße Kellnerjacke und leichte, weiße Bäckerhose an. Der betrachtete sich die diversen Vorbereitungen eine Weile und bewunderte die schöne Norton. Schließlich kam er zu Artur und sagte: »Mensch, Artur, laß mich mal fahren auf der Maschine!«

Artur runzelte die Stirn und sagte: »Hör mal, Klütchen-Bäck'! Ein Motorrad verleiht man nicht mal an seinen besten Freund. Nie. Grundsätzlich nicht. Genau so wenig, wie ich Dich meine Berta ausführen lasse. Aber Du kannst mal hintendrauf sitzen, wenn ich um die Ecke fahre. Wenn das Bild gut wird, kannste es behalten.« Der Eismann erschauerte sichtlich vor Freude über dieses Angebot und war sofort bereit, die Norton zu besteigen.

Der Fotograf war auf seinem Posten, Artur lud den Eisonkel hin-

ten auf und fuhr ein Stück zurück, um einen richtigen Anlauf zu nehmen. So etwa zwei Kilometer. Unser Konditormeister nahm seine Mütze ab und stopfte sie sich vorn in die Jacke. Dann ging es los. Fünf — vier — drei — zwo — eins — cerooo — !
Auch mit zwei Personen beschleunigte die Atlas unerhört. Mit einer Staubfahne am Heck kam die Norton mit ihren beiden Reitern auf die berüchtigte Felsenkurve los. Vor dem Buckel, hinter dem die Welt verschwand, tauchte die Maschine noch einmal in eine kleine Senke. Der Artur fuhr schon im dritten Gang und ging langsam nach links hinüber, um den richtigen Kurveneinlauf zu finden. Im nächsten Augenblick war das Motorrad neben dem Gasthof oben auf dem Buckel —
— und begann entsetzlich zu schlingern. Durch den Motorenlärm hörte Artur die Gäste vor dem Wirtshaus schreien, die Maschine segelte wie ein Schiff im Sturm außer Kurs kreuz und quer über die Straße — sie war so leicht plötzlich — Artur nahm das Gas weg und versuchte, vorsichtig auf dem losen Rollsplitt zu bremsen — der Fotograf sprang mit erhobenen Armen, die Kamera schützend in die Luft gehoben, die Straßenböschung zum Fluß hinunter, raus aus der »Schußrichtung« der Maschine —

— dann gelang es Artur, die Norton anzuhalten. Stille.

Er tastete vorsichtig nach hinten — der Eiskonditor war weg! Nun hörte er wieder die Leute rufen und drehte sich um. Mitten auf der Straße saß der Bäckermeister, und aus dem Wirtshaus rannten einige Menschen auf ihn zu. Artur bekam einen fürchterlichen Schrecken, wendete die Maschine und war mit einem Blitzstart neben seinem ehemaligen Passagier. »Mensch, was ist denn los? — Lebst Du noch?«
»Junge«, sagte der Bäcker, »ich hab' gedacht, jetzt fährt der Artur mit Vollgas auf die Felsenwand. Weißt Du, da bin ich lieber abgestiegen —!«

Sie untersuchten ihn, seine Hose war weg. Das heißt, der Teil war weg, der jene Partie üblicherweise bedeckt, die den alten Ritter Götz von Berlichingen über alle Grenzen hinweg so bekannt gemacht hat. Und in dieser Partie steckten außerdem unzählige Körnchen und Steinchen vom Rollsplitt. Mein lieber Mann —!
»Los«, rief Artur, »rappel Dich auf. Du mußt sofort zum Arzt. Blutvergiftung! Mensch, komm hoch!« Sie hoben den Eismann vorsichtig hoch. Aber es war kein Auto da, es war überhaupt nichts da, womit man den Blessierten transportieren konnte. Da hatte Artur die einzig richtige Idee: »Los, stell Dich auf die Fußrasten, neige Dich vor an meine Schulter. Da fällst Du nicht runter. Brauchst nicht sitzen. Ich bring Dich zum Doktor.«
Gesagt, getan. Und so kam es, daß ein besonders eiliges Motorrad an einem Sonntagvormittag mit zwei Personen, von denen die eine das bloße Hinterteil in die Luft streckte, zur nahen Kreis-

stadt brauste. Die Kreisstadt ist ein berühmter Kurort und ein weltbekanntes Bad. Die Kurgäste promenierten dort unter den Bäumen der Alleen, und — nein, es ist schon unglaublich, was sich Motorradfahrer alles erlauben —!

Die beiden kamen gut zum Krankenhaus, und dort wurde unser Eismann sofort behandelt. Mit Jod und Pinzette. Der Doktor lachte und meinte, daß sie einen solchen Krankentransport noch nie gehabt hätten, solange das Haus existieren würde. Auch der Eismann war zufrieden, denn er durfte sogar nach Hause.
Nur der Artur staunte nicht schlecht, als er etwa vier Wochen später zum Polizeirevier zu einer Vernehmung mußte. Er hatte zu einer Strafanzeige Stellung zu nehmen, die eingegangen war. Man klagte ihn der »Erregung öffentlichen Ärgernisses« an, da er zu dem und dem Zeitpunkt »mit einem Motorrad durch die Kurstadt zur Hauptpromenade gerast sei, auf dessen Mitfahrersitz sich eine Person im Schlafgewand befunden habe, die den Straßenpassanten in auffälliger Weise das entblößte Hinterteil bei herabgelassenen Beinkleidern gewiesen habe.«
Wenn heute Motorradfahrer an der Bunten Kuh halten und beim Eismann eine Vanille-Eis zu 50 Pfennig kaufen, dann wird der gute Mann gesprächig. Kauft man ein Eis für eine ganze Mark, und hat man ein großes Motorrad, dann erzählt er seine Geschichte. Ist dieses Motorrad aber eine Norton, dann kommt er aus seinem Verkaufsstand heraus und sagt »Kerl, auf einer Norton bin ich auch mal gefahren! Willste mal sehen, wie das ausgegangen ist — ?«

Der Dicke

Habt ihr den Dicken gekannt? — Neiiin, nicht den, den ihr meint. Einen ganz anderen. Ein praller Bursche, so hoch wie die Timmelsjoch-Straße, so breit wie ein Landungsboot, so schwer wie eine Matchless-Twin G 45, so stark wie ein Jap-Racing 1000 ccm V-Twin watercooled. Oben drauf 'n Kopp wie'n Baby, und innen drinnen klar, echt, eisern und gerade wie der alte Graf von Kotzensteyn. Wenn die es in der Opel-Werkstatt eilig hatten, dann mußte er so einen Schlitten solange hinten hoch halten, bis sie beide Räder gewechselt hatten. Machte der Dicke spielend, dabei pustete er nich' mal. Der kriegte nicht mal 'n roten Kopf davon — den kriegte er nur, wenn ihn ein Mädchen anhimmelte. Den Motor seiner Imperator klemmte er sich unter den linken Arm, wenn er ihn nach oben in die Küche zur Reparatur trug, unterm rechten Arm hatte er dann noch den Rahmen zum Neuspritzen, was auf dem Balkon passierte. In seiner Bude waren die Fußböden und Decken verstärkt — sonst fiel er durch. Oder die vielen Horex-Motoren, die er sozusagen unterm Bett gestapelt hatte. Ersatzteil-Lager. Überhaupt, seine Liege — oh, jeh — das war ein Rahmen von einem alten Bugatti (das einzige Auto, was Kerle wie er je anerkennen) mit quer drüber gelegten und entsprechend zur Ebene unterlegten Fünfer-Eichenbohlen. Das Ganze »ruhte« auf vier gußeisernen Zylindern des alten 600er Einzylinder-Columbus-Motors, seitengesteuert. »Holzfüße halten nicht«, sagte er.

Seine Freunde nannten mit absoluter Böswilligkeit und Arroganz die Horex-Imperator, die er Jahr um Jahr brav durchbrachte, »Ho-Schro«. Das sollte »Horex-Schrott« heißen. Dafür war der Dicke jedoch immer anwesend, wenn einer dieser Snobs einen Zylinder verlor. Komisch — das hatte er in der Nase, das Stehenbleiben der so heißen Öfen und der anderen Rosse. Das roch er förmlich vorher (aus Freude am Bauen) — und siehe da, eben stand ein eherner Ritter traurig neben seiner Maschine am Straßenrand, da trudelte der Dicke auf der Imperator um die Ecke. Grinste — und dann machte er mit seinem riesigen Taschenkneif die nächste Kerbe in ein Stück Mahagoniholz, das er immer im Tankrucksack hatte. Die Edlen reizte das bis zur Weißglut. Aber keinen ließ er irgendwo hilflos am Straßenrand verschmachten. Nein, das gab's beim Dicken nicht. Der holte jeden aus dem Schlamassel. Aber die Kerben in seinem Holz waren recht stattlich.

Es ist nicht so, daß er einen Rochus auf bestimmte Markenfarben hatte — oh, nein. Von der BMW R 69, von der Honda, von der KS 601 da hielt er 'ne Menge, das waren für ihn *die* Motorräder überhaupt. Aber da gab's mal andere Modelle — das waren die »aufgepumpten«, und die mochte er nicht. Vielleicht weil man beim Aufpumpen die nötige Qualität vergaß. Vielleicht weil sie schneller als seine Horex waren, oder weil diese S-Modelle in Deutschland jeder fuhr, der sich einen Krachhut aufstülpte — ich weiß es nicht. Ist ja auch egal.

Also, habt ihr den gekannt? — Siehste, ist doch 'n ganz anderer, ist bestimmt nicht der, den ihr meint. Nooiiin — *der* ist ganz anders, und der fährt ja auch schon lange kein Motorrad mehr. Meiner, den ich kenne und der eben »der Dicke« ist, gehört noch heute zur Crew. Und seine Imperator — ja, staunt nur, ihr ungläubigen Thomasse — und seine Imperator hat ihn gerade jüngst erst über die Spitzen der Dolomiten geschoben. Jawohl — und erst nach 2000 km und 10 km vor dem heimatlichen Herd ging die rote Kontrollampe im Scheinwerfer an und meldete einen Lichtmaschinendefekt. Nein, mein Dicker ist noch nie irgendwo hängen geblieben. Und darauf kommt es ja schließlich an. Außerdem wird sein Imperatormotor höchstens einmal im Winter zur Generalüberholung auseinandergenommen. Und das macht er ja primissimo.

Früher, da hatte er ja auch mal andere Pferde. Da hatte er ja mal einen der legendären »Grünen Elefanten«, eine 600 ccm Zündapp KS 601, Zweizylinder-Boxermotor, Viertakt, ohv, 28 PS. Mit Seitenwagen.

Jeden Morgen um dieselbe Zeit fuhr er genau die gleiche Route. Tag für Tag. Und jeden Morgen um genau dieselbe Sekunde war er mit dem Gespann an der gleichen Kreuzung. Und genau dann, wenn die Ampel von Gelb auf Rot umsprang. Pünktlicher als die Straßenbahn. Es war so gegen 7.12 Uhr. Dann ließ er die Maschine gemächlich ausrollen, blieb drauf sitzen und wartete geduldig, bis wieder Grün kam.

Das muß mal so im März gewesen sein, da hatte er den Seitenwagen am Sonntag in die Wohnung raufgetragen — die paar Kilogrämmchen waren ja wie gesagt für den Dicken keine Probleme. Er wollte den Karren für den Sommer generalüberholen. Wundert Euch nicht, liebe Leute — Motorradfahrer machen sowas grundsätzlich am liebsten in der Küche. Ich kannte mal einen, der baute im achten Stock eines Mietshauses eine vier Meter lange vollverkleidete Rekordmaschine — als er sie fertig hatte, ging sie nicht durchs Treppenhaus. Sie mußten den Renner außenbords aus dem Fenster abseilen. Nachts. Denn am Tage hätte das einen Menschenauflauf gegeben. Zufällig kam da ein einsamer Schutzmann entlang und dachte, der Zeppelin wäre ein nächtlicher Fassaden-Klettermaxe. Aber naja, das 's 'ne andere Geschichte.

Der Dicke hatte also seinen Seitenwagen oben und denselbigen zerlegt zum Sandstrahlen. Alles in der Küche? — Ooch, da kennt ihr dem seine liebe Mutti nicht! Das war noch mit 60 Jahren eine tapfere Motorradbraut, die konnte bei 120 km/h auf der Uhr auf dem Soziussitz noch belegte Brötchen streichen. Ja, so war sie. Und der Dicke war ihr Goldiger, der durfte alles, der liebe Kleine. Dann war aber Besuch gekommen, man hatte bis in die Nacht zusammengesessen, und der Dicke war um halber siebene ziemlich schläfrig wieder aus den Federn gepurzelt. Entsprechend in Stimmung kam er zu seinem täglichen Ampel-Stop.

Schön ließ er den dicken Brummer ausrollen — es gab Gelb, dann Rot — der Dicke trudelte bis zum Strich vor und blieb wie immer ruhig auf der Maschine sitzen, Füße auf den Fußrasten. Im Moment, in dem das Motorrad zum Stehen kam, in diesem Moment — fiel es um! Plautz, mit dem rechten Lenkerende die Papptür eines Leukoplastbombers neben sich zertrümmernd! Der Dicke schaute ganz erstaunt — ja, Mensch, der hatte ganz vergessen, daß sein Seitenwagen oben in der Küche und nicht an der Maschine war.

Wer lacht da, Freunde? — Das ist gemein. Faßt euch an die eigene Nase! Wie oft habt ihr schon etwas vergessen?! — Kein Grund, über den Dicken zu lachen, sonst erzähl' ich ihm, wer gelacht hat. Dann dürft ihr ihm nicht begegnen, denn wenn der Luft ansaugt, dann hängt ihr ihm bestimmt vorm Vergaserquerschnitt. Das aber ist so'n Ding.

Da kam mal so ein Erbsenzähler in den Motorradladen, in dem der Dicke als Werkstatt-Schrauber und Teile-Verkäufer tätig war. Eine Type, die wir alle gern haben. Nischt is' gut — alles müßte besser sein, und dann immer so Reden »... aber das müßte man doch anders machen ...« und »... nein, das kann ich nicht für gut heißen, denn da habe ich eine viel, viel bessere Idee ...« Wenn so ein Weltverbesserer dann auch noch eine Nervensäge ist und nie aufhört mit seinen Vorträgen, in denen er doch immer dasselbe predigt, dann geht einem das auf's Gemüt. Wie gesagt — so eine

Type betrat den Motorradladen und wollte eine Brille kaufen. Der Motorrad-Chef war nicht da — ergo wälzte sich der Dicke hinter den Tresen.

Nun ist er ja die Gutmütigkeit selbst — aber was nun kam, das raubte selbst ihm die heilige Ruhe. Denn der Onkel Nerventod probierte Brillen, als würde er dafür bezahlt. Eine halbe Stunde, eine ganze Stunde. Und nochmal die auf — nein, da geht der Nasenrist nicht so glatt drunter. Eine andere auf — nein, da kann man nichts seitlich sehen. Mal diese da probieren — nein, die hatte gefärbte Gläser. Nun jene da — nein, da pfeift der Wind an den Außenrändern durch. Wie wär's mit der anderen da — nein, oder vielleicht doch — wenn man mal eben mit der Schere das Gummipolster ein bißchen — — . So ging das eine ganze Stunde lang. Es gab keine Brillen mehr im Lädle, die der Brillen-Eiferer noch nicht aufgehabt hatte. Und er begann von vorn.

Nun stiegen beim Dicken schon die Dampfwolken hoch. Und endlich sprach er. »Männeken«, so sagte er, »nu will ick Ihnen mal wat sajen. Det Gummipolster beschneid'n mer nich — wir gehn zusammen in die Werkstatt.« Seine Stimme hob sich merklich, und der Brustberg füllte sich mit Luft: »Und da in der Werkstatt, da hab ick wat — damit mach ick Ihren Kopp passend für die Brillen!« Vom Brillenkäufer sah man nur noch einen Kondensstreifen. Und der Dicke zuckte mit den Achseln. »Weeß janich, warum der so wegrennt —!«

Bei einer Zielfahrt erschien mal eine Gruppe von »Lederjacken«. Die verwechselten dieses Meeting von befahrenen Leuten wohl mit einer Beatle-Schaffe, denn entsprechend angetan entstiegen sie hinten im Wald einem »Rallye«-VW (so einer Blechschaukel ohne Radkappen und mit karierten Streifen über'm Dach, aber mit glatten Reifen und donnerndem Auspuff — Höchstgeschwindigkeit mit viel Geschubbse vielleicht 82,345 km/h, weil man zwischen Kolben und Zylinder die Wäsche zum Plätten durchschieben konnte), zogen sich Motorrad-Lederjacken an und promenierten als »harte Männer« zwischen unseren Motorradfahrern einher. Nach einer ganzen Weile hatten sie wahrscheinlich schon so viel hochoktanigen Stoff inhaliert, daß sie sich nicht mehr im Klaren waren, wohin sie eigentlich mit ihrer Randaliererei steuerten. Sie hatten Kurs auf den Dicken genommen.

Der Dicke drehte seinen Bug langsam in Schußposition, dann kletterte er von seiner Horex runter. Mit einer Ruhe, die einem Eisbären Ehre machen würde, setzte er Fuß vor Fuß in Richtung unserer Radau-Brüder. Gerade wollte der erste ein lautes Lied beginnen, da fühlte er sich in die Luft gehoben.

Es ging wie ihm Fahrstuhl aufwärts. Seine Schnörkeljacke war zufällig zwischen die Finger des Dicken geraten, und der hob seinen Arm ein wenig. Das zappelnde Etwas hing daran und wurde ganz nahe herangezogen. »Bubi«, sagte der Dicke, »komm an die liebende Vater-Brust. Hast Du mich nicht gerufen eben? Oder hast Du nach Deiner Mutti geplärrt?« Ringsum war es still. Der Zappelnde zwischen Himmel, Hölle und Erde war käseweiß im Gesicht und starrte den Dicken entsetzt an. Der öffnete die Finger — platsch! lag der Arme im Gras.

Von den anderen war nichts mehr zu entdecken, und der Dicke stapfte zu seiner Horex zurück.

So war er stets ein Felsen im unruhigen Meer, und man konnte sich immer auf ihn verlassen. Manchmal betreute er einen von seinen Freunden auf den schweren Geländefahrten, und da konnte sein, was wollte, der Dicke war pünktlich an jeder Zeitkontrolle zur Stelle. Wer den als Helfer hatte, der hatte 50 Prozent der Goldmedaille schon vor dem Start in der Tasche. Nicht nur, daß das erforderliche Benzin zum Nachtanken griffbereit war, nicht nur, daß stets eine Reservebrille zur Hand, trockene Handschuhe, ein frisches Halstuch, ein stärkender Trunk, eine Zigarette im richtigen Moment hervorgezaubert wurden — er »roch« es buchstäblich, wenn sein Schäflein auf der Jagd nach sportlichen Ehren irgendwo unterwegs auf der Strecke in Schwierigkeiten war. Dann brummte plötzlich die Imperator durchs Unterholz, und der Dicke verlor grinsend aus Versehen ein benötigtes Werkzeug, oder er warf an der schmierigen Steigung »durch Zufall« seinem Mann einen rettenden Stein unters Hinterrad, und das Trumm Rohr zum Geradebiegen von umgeknickten Fußrasten, das hatte er meist »in der Hosentasche«. Zum Mitfahren als Schmiermaxe bei solchen harten und männermordenden Unternehmungen war er ja wohl ein bißchen reichlich zu umfangreich und schwer im Seitenwagen — und doch, man hätte ihn glatt mitfahren lassen können, denn der hätte sogar ein schweres BMW-Geländegespann allein hinten angehoben und aus einer tiefen Schlamm- oder Wegespur herausgewuchtet. Der konnte mit einer einfachen Kombizange notfalls einen dicken Weidezaundraht durchknipsen wie einen Zwirnsfaden, wenn irgendwas zum Festbinden gebraucht wurde. So war er natürlich im Kreise der Wettefahrer ein sehr gern gesehener Kamerad und Helfer.

Seiner Horex hatte er einen Seitenwagen angebaut — das ist im Winter bei Glatteis besser, und auf seinem täglichen Brötchenweg kam er jeden Abend an einem Bahnübergang vorbei. Und jedesmal — wir haben es vorhin schon gesehen: der Dicke ist ein pünktlicher Mann — und jedesmal ging die Schranke zu, weil da gerade der D-Zug nach Ulm oder Nürnberg oder Augsburg vorbeidonnerte. Nach langer, ermüdender Winterfahrt kam er wieder mal da an der Schranke vorbei. Und in seinem Kopf arbeitete der Computer wie gewohnt: es ist dunkel, ich fahre nach Hause, hier ist die Schranke, die ist zu — darum wart' ich gleich hier. Also nahm er das Gas weg, lies das Gespann ausrollen, hielt an seinem gewohnten Baum, stützte die Arme auf dem Tank ab und wartete, daß die Schranken wieder hochgingen. Müde von 800 km Landstraße an einem Stück. Wochenend-Ausflüge des Dicken.

Plötzlich aber schreckte er hoch! Eine Taschenlampe leuchtete ihm ins Gesicht, und eine zackige Stimme fragte ihn: »Stimmt mit Ihnen etwas nicht? Sind Sie krank? Warum schlafen Sie mitten auf der Straße?« Der Dicke öffnete erschrocken seine Augen. Vor ihm stand ein Polizist, gegenüber wartete ein Streifenwagen.
»Tja, ich wart', daß die Schranke hoch geht.«
Der Polizist betrachtete ihn und sagte: »Die Schranke ist garnicht runtergewesen. Jetzt ist es zehn Uhr, da kommt doch gar kein Zug. Haben Sie getrunken?«
Erlaßt es mir zu berichten, was der Dicke alles angestellt hat, um die Freunde und Helfer zu beruhigen. Die hatten jedenfalls nichts anderes als einen Motorradfahrer entdeckt, der nachts auf der Straße auf seiner Maschine saß und schlief.
Als er die Imperator gerade neu hergerichtet hatte mit den beiden Vergasern, den höheren Kolben und den scharfen Nocken, da wollte er unbedingt probieren, ob der Apparat wirklich 150 km/h mit ihm gehen würde. Das wären für einen normalen Mitteleuropäer so 160 km oder hundert englische Meilen die Stunde gewesen. Nun muß man seine 240 Pfund und die sonstige Masse einkalkulieren, die es nicht gestattete, daß er etwa seinen Bauch in Falten warf und die Haltung von Hans-Georg Anscheidt auf der 50er Suzuki einnahm. Der Roll- und der Luftwiderstand waren eben ganz erheblich — weswegen er ja eben die vielen Pferde für eine annehmbare Geschwindigkeit über 140 km/h brauchte.
Na, die Probefahrt stand bevor, und da kam sein Muttchen und wollte mitfahren. Die war sowieso sehr oft nicht vom Motorrad wegzubringen. Der Dicke sagte mit tiefem Baß: »Naja, denn steig man mit auf!« Und Muttchen — so an die 60 Jahre wirklich jung und kregel — holte den Krachhut aus dem Schrank und setzte sich auf den neu verjüngten Horex-Blitz. Ab ging die Reise.
Bis zur Autobahn war der Motor richtig warm, er nahm das Gas sehr schön an. Drehte auch sauber hoch — naja, *wenn* der Dicke

schon mal schlosserte, dann schlosserte er wie gesagt erstklassig. Das kam so alle Vierteljahr bei der Horex nur vor. Also auf der Autobahn wurde dann richtig Dampf gegeben. Der Dicke vorn, Muttchen als ein Abziehbildchen hinter ihm. 100 km/h — schön; 110 km/h — gut; 120 km/h — etwas besser; 130 km/h — müßte sie ja auch; 140 km/h — wir kommen der Sache näher; 145 km/h — na, wer sagt's denn?! — Holla, dahinten klebt ja Muttchen drauf, ob die nicht weggeflogen war? —
Es reckte sich eine Hand nach vorn unter seinem Arm hindurch. Und darin lag ein Wurstbrötchen. Dann schrie ein helle Stimme von hinten: »Dicker, möchtest Du auch ein Brötchen?«
Und wenn ihr jetzt glaubt, es ist doch der Dicke, den ihr meint —! Nein, zum Donnerwetter, das ist er nicht. Es ist ein ganz, ganz anderer. Denn, was glaubt ihr, macht der Dicke, den *ihr* den »Dicken« nennt, mit mir, wenn ich solche Geschichten von ihm erzählen würde. Meiner ist ein anderer. Nun glaubt es schon endlich.
Den habt ihr ja gar nicht gekannt. Denn in eurem Blickwinkel gibt es ja niemanden, der so Motorrad fährt wie er. Seine Wochenendausflüge auf seiner unwahrscheinlich schönen Maschine, zwei Vergaser, schnelle Nockenwelle ohc, 39 PS, 450 ccm, wären für euch Urlaubsreisen gewesen. Da waren schnell 1000 und mehr Kilometer zusammen. Manchmal versuchte irgendeiner, es ihm an Ausdauer gleich zu tun, aber das waren vergebliche Mühen. Viele fuhren schneller, aber dann nach 250 km blieben sie doch in dem gewaltigen Windschatten und ließen sich ziehen.
Einmal hat er Höllenqualen erlitten. Da hatte ihn einer dazu überredet, in einem Seitenwagen einer BMW R 60 mit nach England zu fahren. Der Dicke konnte kein Wort englisch sprechen, also war er auch auf den Fahrer als Dolmetscher angewiesen. Es wurde eine schöne Reise, und wenn man heute nach England kommt und die Gastgeber merken, daß man den Dicken

kennt, dann strahlen sie vor Freude, lachen und sagen andauernd: »Greetings, greetings to the Big Man.« Neulich habe ich ihn mal gefragt, wieso er denn von der einen Reise so viele Freunde dort hätte. Meinte er: »Na, was denn! Mein Charme —!« Also irgendwie war das eine feine Tour.

Aber auf der Rückfahrt, da waren sie in Richtung London auf der M 1, und der Dicke schrie zu seinem Fahrer rüber: »He, mach mal nicht so hastenich! Dritte Straße links geht's nach Soho! Da ist grade Teestunde.« Aber der BMW-Mann sah nicht rechts und nicht links. »Nein, wir fahren weiter. Ich muß heim, die Marie wartet.« Der Dicke schrie an der nächsten Kreuzung aus seiner Seitenwagendose raus: »Hör zu! Die Marie wartet morgen auch noch. Hier kommen wir so schnell nicht wieder hin. Auf, nach Soho — !«

Aber es war nichts zu machen, der Gußeiserne II. blieb eisern — sie sausten schnurstracks durch London durch und langten so in Dover an, daß sie gleich auf den Dampfer nach Ostende hinauf konnten. Und da nützte es dem Dicken nicht, daß er vor Wut beinahe den Bug des braven Seitenwagens durchgetrampelt hätte. »Nein, die Marie wartet.«

Irgendwo in Belgien machten sie dann Fahrerwechsel, und der Dicke kam an den Quirl. Sie waren jetzt praktisch schon einen Tag und eine Nacht gefahren. Der Fahrer, jetzt im Seitenwagen, bat, anzuhalten, um zu vespern. »Nein«, schrie der Dicke, »die Marie wartet«. Von da ab bis zu Hause über mehr als 700 km gab es keinen Halt mehr, keinen Pardon, außer ganz kurz zum Tanken. Da staubte der Dicke mit der BMW durch die Lande, daß es eine Art hatte. »Heim, heim — die Marie wartet.« Halbtot vor Ermattung stieg sein Mitfahrer aus dem Seitenwagen, der Dicke war frisch wie am ersten Tag und grinste. Frag ihn mal nach Soho —!

Gestern bin ich ihm übrigens wieder begegnet. Er kam aus der

Werkstatt unter einem Opel-LKW hervor, der wirkte neben ihm wie ein Volkswagen-Käfer. Er strahlte, als er mich sah und meinte: »Der Ho-Schro läuft immer noch. Du wirst es nicht glauben. Und der, der neulich mit mir war, vakooft seine Norton, die schnelle, die super-supertolle. Demnächst mach ick eine Gebirgsrallye mit. Aber die wird kriminell. Der Lange hat da Strecken ausgesucht —! Nich so'ne Kaffeefahrt wie letztes Jahr. Da kommt keiner rauf. Diesmal wird das ganz narrisch sein. Das werden einige hundert kleine Kilometerchen.« Mal sehen, was draus geworden ist. Keine Angst, der Dicke wird wiederkommen — der fällt nicht so leicht runter, und schwindelfrei ist er auch.

Und wenn ihr in zwanzig Jahren irgendwo hinkommt, wo der Dicke schon mal war, dann stehen da die Leute und erzählen sich Geschichten von ihm.

Das Rennen von Puusdorf

Ich kannte mal ein paar — — — !

Herrschaften, es gab eine wunderschöne Zeit! Da konnte man zum Bürgermeister eines Dorfes gehen und sagen: »Herr Meier, am nächsten Sonntag machen wir auf den Wiesen hinter der Kirche ein Grasbahnrennen für Motorräder. Wir laden Sie und den Gemeinderat selbstverständlich dazu ein.« Und beim Vorbeifahren ging man eben nochmal schnell zum Gendarmen in die Station und sagte: »Herr Oberwachtmeister, wir sind vom Motorradsportclub »1:10« (das sollte das Verdichtungsverhältnis der schnellen Maschinen des Clubs andeuten!) und machen am nächsten Sonntag auf den Wiesen hinter der Kirche ein Grasbahnrennen für Motorräder. Wir wollten Ihnen das nur mitteilen, damit Sie sich nicht über den Krach und die vielen Menschen wundern. Und selbstverständlich sind Sie und Ihre Familie als Ehrengäste herzlich eingeladen.« Weiter brauchte man eigentlich nichts zu tun. Doch, halt — natürlich: bei der Brauerei mußten sie noch Bescheid geben, daß die ein Bierzelt und eine Holztribüne an den Wiesenrand stellten. Fertig. Die Wiesen gehörten alten Ehrenmitgliedern des Clubs, und diesen edlen Mäzenen des schnellen Sportes waren denn ja auch die Ehrenpreise für die Rennfahrer zu verdanken.

Onkel Hans in seiner Malerwerkstatt malte noch vier große Plakate: »Achtung! Nächsten Sonntag in Puusdorf großes internationales Motorradrennen mit den Meistern aller Staaten und den schnellsten Maschinen am Start. Es starten alle Klassen, dazu ein Handicap-Rennen. Beginn 14.00 Uhr. Eintritt: Erwachsene 2 Mark, Kinder und Soldaten die Hälfte, Schwerbeschädigte frei.« Ein Plakat kam an die Bretterwand gegenüber vom Bahnhof der Kreisstadt, ein Plakat schenkten sie den Redakteuren der Kreiszeitung, ein Plakat erhielt der Zigarrenladen am Bahnhof, der als »Vorverkaufs-Stelle« deklariert wurde (Clubmitglied!), und ein Plakat kam an den »Radio- und Rennbürowagen«.

Einer hatte irgendwo einen uralten, abgetakelten Phänomen-Lieferwagen für ein Spottgeld auf dem Schrott erstanden. Den hatten sie wieder auf Vordermann gebracht, daß er lief. Vorn war das Fahrerhaus, hinten war ein großer Kasten aufgebaut, in dem sich eine Lautsprecheranlage mit Verstärker, Lautsprecher nach draußen, Mikrofon und riesiger Batterie befand. Alles alte Teile aus irgendwelchen liegengebliebenen Heeres-Fahrzeugen. Die Reifen zeigten zwar noch nicht ganz die Leinwand, aber weit davon entfernt waren sie nicht mehr. Der Motor ächzte und rasselte, aber er sprang immer noch einmal wieder an, und wenn man auch neben dem Benzin fast die gleiche Menge Öl hineinkippen mußte — die Kiste bewegte sich dennoch. Natürlich tat es das Altöl zu 20 Pfennig pro Liter sehr gut.

Der August und der Helmut wurden zwei Tage vor dem großen Ereignis mit dieser Klapperkiste über die Dörfer geschickt. Der Helmut, weil er das nötige Gemüt für das Vehikel hatte und weil ihm auch der ärgste Krach nichts ausmachte, und der August, weil er reden konnte wie seinerzeit Deutschlands größter Reklamedirektor. Die beiden zuckelten also los, und man hörte es durch Wälder und Wiesen, durch Felder und Höfe schallen: »Aachtung, Aachtung! Nächsten Sonntag großes internationales Motorradrennen mit den besten Fahrern aus vielen Nationen am Start. Es werden neue Rekorde fallen, es werden schnelle Runden gefahren, und die mutigsten Männer des Motorsportes geben sich ein Stelldichein. Versäumen Sie nicht dieses einmalige Ereignis, das Ihnen einen Sport bieten wird, wie Sie ihn noch niemals vorher erlebt haben. Kommen Sie am nächsten Sonntag nach Puusdorf zum internationalen Motorradrennen, zum Rennen der großen Asse auf Sand, Bahn und Straße. Sie werden einen spannenden Kampf zwischen den schnellsten Meistern der Maschinen sehen. Sie dürfen nicht fehlen, wenn die Startflagge das schnellste Rennen eröffnet, das es bis dahin gegeben hat. Aachtung! Aachtung! Nächsten Sonntag in Puusdorf großes internationales Motorradrennen —!«

Beim Clubbüro meldeten sich inzwischen — aufgescheucht von den Nachrichten in der Kreiszeitung, aufgescheucht von den eigenen Clubs und durch telefonische Durchsagen — eine Menge mutiger Jungens. Alle wollten zeigen, was sie konnten. Viele waren als harte und eiskalte, als schnelle und wagemutige Fahrer bekannt, viele wurden geschätzt, weil sie nicht nur einen kriminellen Strich auf die Bahn brachten, sondern auch geradezu enorm schnelle Maschinen hatten. Daß sie nach der zweiten Runde meist ausfielen, das war nicht schlimm — zunächst sorgten sie ja für Betrieb im Laden. Es war vielleicht auch gut, daß so ein toller Buhmann frühzeitig ausfiel, denn so brauchte man nachher den Motor nicht auslitern, ob er wohl auch im Rahmen der zugelassenen Hubraumgrenze war. Aber es kamen auch Kerls, die ihr Glück zum ersten Mal probieren wollten und schrieben: »Nehmen Sie mich. Ich bin der schnellste Motorradfahrer in unserem Dorf. Erst neulich habe ich mit Leichtigkeit auf meiner 350er BSA den Oddo und seine 500er BMW abgehängt.«

Der Rennleiter mußte aber einiges von den schnellen Blitzen kennen. Es genügte nicht, zu wissen, was eine BMW, eine BSA, eine AJS, eine Matchless, eine Horex, eine Norton war, was ein Jap-Motor, ein Sarolea-Motor usw. ist — man mußte seine Pappenheimer *näher* kennen. Man mußte also wissen, daß der Alex einen modernisierten Velocette-Motor von 1929, der Fritz einen Jap-

Motor von 1938, der Hans einen Matchless-Motor mit besonderen Nocken usw. in die Schlacht bringen würden. Und wenn da ein neuer Name auftauchte, dann war das immer ein Risiko, denn es konnte ja passieren, daß der Kleine ahnungslos, aber voll der großen Begeisterung, eine brave R 24 an die Startlinie zu schieben beabsichtigte. Nun gab es ja Apparate, auf denen der Großvater schon tapfer Zementbahn fuhr, die aber trotzdem bis in die Neuzeit unwahrscheinlich lebendig geblieben waren — es gab auf der anderen Seite supermoderne Chromblitze, die den Duft der großen weiten Grand Prix-Welt auszuströmen schienen und deshalb grundsätzlich nur mit »Castrol-R« gefahren wurden (eben wegen des dollen Duftes — nach Rizinus), die aber noch nie bei einem Rennen irgendwie etwas Grand Prix-Mäßiges geboten hatten. Und es gab die emsigen Konstrukteure, die zukünftigen »Renn-Professoren«, deren Vorbild der große Joe Craig von Norton war, und die zum Teil sagenhafte Maschinen unter der Bezeichnung »Eigenbau« an den Start brachten. Darunter waren Motorräder, die ins Museum gehört hätten, und die trotzdem liefen — und das sogar schnell. Und nicht im Rennen kaputt gingen.

Die »ohc«-Nockenwelle (Overhead-Camshaft) war für die Großen unter den Stars Voraussetzung, der Amal-TT-Vergaser nicht minder, auch wenn das auf einer Kuhweide nicht gerade so das Richtige war. Maschinen ohne das erschienen als halbe Portionen, als lahme »Tourenböcke«. Wie man außerdem noch PeEsse herzaubern konnte, das war ein größeres Geheimnis als der Inhalt des Kremls. Da war doch mal einer gekommen und hatte geschulmeistert: »Stellt die Kisten mal richtig ein, dann braucht Ihr nichts frisieren.« Na, sowas — ! Also solche Leute liebte man im Kreise der Gladiatoren gar nicht, denn frisiert werden *mußte.* Eine Verdichtung unter 10,0 war keine Verdichtung, die normale Nockenform eines harmlosen Tourenmotors reizte ja nicht mal zum müdesten Lächeln, ein Vergaser unter 27 mm Durchmesser und eine nicht abgedrehte Schwungscheibe durfte es doch gar nicht geben. Nein, in den Alchimistenküchen, in den Werkstätten oder daheim auf dem Küchentisch wurden sie alle zu PS-Zauberern und frönten der hohen Wissenschaft der Rennmotoren.

Unter diesem Angebot hatte der Rennleiter zu sondieren. Und das kostete manche Stunde, manchen Köm, manche Zigarre —!

Der Sonntag kam näher und näher, auf die Weide waren noch ein paar Kühe mehr getrieben worden, damit das Gras noch ein bißchen kürzer wurde. Sage und schreibe 120 tollkühne Männer mit ihren rasenden Kisten hatten sich angemeldet. Erfahrungsgemäß bekamen davon etwa 40 vor der Stunde X noch das große Kneifen, und 80 würden übrig bleiben. Von den 80 würden beim Vormittagstraining noch 20 ihre Motoren zerdrehen — und 60, die »crème de la crème«, würden dann die Grasbatzen im Kampf Mann gegen Mann nur so fliegen lassen, der Duft des Rennöles würde über das Land ziehen — ! Ja, keiner von ihnen konnte den Tag noch in Ruhe erwarten.

Vier große Fahnen wehten an den Ecken der Weide; neben dem Eingang zur Arena, dem Wiesen-Tor, hatten sie eine Holztribüne aufgebaut, um die Ehrengäste unterzubringen. Kurz davor stand das große Bierzelt der Hofbrauerei, geschmückt mit einem großen Girlandenschild »Herzlich Wilkommen« (das eine »l« war dem Rennfieber wohl schon zum Opfer gefallen). Darin war sogar die Kapelle der Feuerwehr aus der Kreisstadt und spielte zur Begrüßung der Gäste den Fridericus Rex. Gegenüber der Tribüne stand im Mittelfeld der Weide das Radio-Auto als Rennbüro und Zielrichterhaus, außerdem sprach von dort der August durch den Lautsprecher, um die anwesenden Fahrer dem Publikum vorzustellen. Die Weide war etwa 400 Meter lang und ca. 150 Meter breit. Das Publikum stand ringsherum hinter dem Zaun. Auf der kleineren Nachbarweide hatten sich die Rennfahrer mit ihren

Zelten, Maschinen, Lastwagen, mit dem großen Benzinfaß und mit dem ganzen Troß niedergelassen.

Alles, was im Landkreis Rang und Namen hatte, war erschienen. Die Zuschauer kamen aus allen Dörfern ringsherum, im Bierzelt ging es bereits hoch her — im Fahrerlager wurde fieberhaft geschlossert, um die Schäden wieder zu beheben, die während des Trainings am Morgen entstanden waren. Dazwischen probierten einige Nervöse noch einmal ihre Motoren und fuhren schnelle und schnellste Runden auf der Nachbarweide. Der Rennleiter setzte seine weiße Sportmütze auf und stiefelte in seinem Sonntagsanzug mit der schwarzweiß karierten Flagge eingerollt unter dem Arm zum Radio-Auto. Er nahm das Mikrofon und rief: »Kapelle, Marsch!«

Zackig, wie es sich gehört, marschierte die Feuerwehr-Kapelle vor die Haupttribüne, brach den Marsch kurz ab und blies einen Tusch. Der Rennleiter begrüßte die Ehrengäste und Zuschauer und gab das Zeichen, daß die ersten Fahrer zum ersten Rennen einfahren sollten. Der Feuerwehr-Kapellmeister hob den Taktstock, es ertönte der »Einzug der Gladiatoren«. Weit draußen vorm Dorf regelte der Gendarm den Verkehr der letzten eilig heranströmenden Zuschauer. Der große Tag begann.

Die Musik ging im Gedröhn der einfahrenden Maschinen unter. Nur den Lautsprecher konnte man noch hören, und dieser gab bekannt, daß zuerst der große Bahnrekord im Einzelstart ausgefahren würde. Eine Runde zum Angewöhnen, dann mit fliegendem Start und fliegender Durchfahrt eine Runde, die gewertet wurde und zum Schluß die Auslaufrunde. Alles fertig? Sechs Mann hatten sich für diesen Rekord angemeldet — alle auf 500 ccm-Maschinen. Favorit war der Alex mit seiner Spezialmaschine und dem Velocette-Motor. Das Los hatte ihm den vierten Start zugedacht.

Aber er war ein bißchen unruhig, weil nämlich einer dabei war,

dessen Motor offensichtlich schneller zu sein schien. Und das Los hatte diesem den Start mit der Nummer 5 gegeben — also nach ihm. Es war eine Einzylinder-BSA-Goldstar mit einem für die Grasbahn umgebauten Fahrwerk. Noch ziemlich neu. Und Helmut, der Fahrer, war im zweiten Jahr dabei. Also kein Neuling mehr, und außerdem hatte er schon manches Rennen gewonnen. Die anderen vier waren nicht gefährlich.
Keine Zeit mehr zu großer Philosophie — der erste Mann wurde auf die Runde geschickt. Der Kurs war mit einigen Strohballen als Rundstrecke am Weidezaun entlang ausgelegt, und die Maulwurfshaufen waren schon am Morgen beim Training aus der Landkarte radiert worden. Die groben Stollen der Grasbahnreifen hatten für eine einigermaßen ebene Bahn gesorgt. Obwohl Alex nicht der Mann war, der sich einen schnellen Krachhut aufstülpte und somit ein schneller Fahrer war — seinen drei Konkurrenten, die ihr Glück zuerst versuchten, konnte er seine Anerkennung nicht versagen.
Man sollte wissen, daß das noch nicht das Zeitalter der sechszylindrigen Götter-Phantasien war. Es war das Zeitalter der primitiveren Improvisation. Da nahm man als Anfänger halt seinen Alltags-Schlitten her, entfernte die Lichtanlage, montierte zwei andere Schutzbleche (solche, die eben sportlich aussahen), baute die Schalldämpfer ab und legte möglichst die Auspuffrohre hoch (von den Erkenntnissen der Gasresonanz, von Prallblechen, Staudruck usw. hatte noch niemand etwas gehört), entfernte den Luftfilter — fertig war die »Rennmaschine«. Das nächste Stadium nach Übersetzungs-Experimenten war die Frisur des Motors. Zylinderdeckel abdrehen, Schwungmassen verändern, Kanäle polieren, Pleuel erleichtern, andere Nocken, andere Kolben — nun ja, es steigerte sich mit der Zeit, und vom alten Serienhobel waren schließlich nur noch Fragmente da.
Mit dem Fahrstil war es das Gleiche. Kein Mensch dachte schon

an Feinheiten wie Schwerpunktverlagerung nach innen, Beinchen rausstrecken, oder Arme anlegen. Es gab nur eine Devise: draufbleiben auf dem wild gewordenen Roß! Wie ist egal. Und auf der

Grasbahn war das eben das Hauptproblem. Mit der Zeit wurde man auf dem schnellen Rasen gleichgültig gegen gefährlich herauslugende Grasbüschel, Löcher — man fegte über jedes Hindernis hinweg. Es war die beste Schule für den »großen« Sport — später mal, unter den Straßen-Kanonen.

Unsere Rundenrekordler waren im Stadium der Grasbüschel-Wurschtigkeit, sonst hätten sie sich niemals den Rekordkampf liefern können. Und dann war der Alex dran. Flagge runter — ab die Post! Dann mit allem Dampf, was der alte Hammer heraushauen konnte, in die Wertungsrunde. Die Leute wedelten begeistert mit den Armen — der Alex schleuderte und mähte die Weide ab. Im Sandbahnstil quer stehend fegte er über den Rasen. Beste Zeit bis dahin.

Dann: — am Start war die böse Konkurrenz.

Die Goldstar wischte mit einem ganz hellen und scharfen Ton um die Ecken, der Spurt war gewaltig. Bei der Anfahrt stand sie beim Beschleunigen quer und warf Gras und Dreck wie eine Stalinorgel hinten raus, dann fädelte sie sich in die Spur und schoß davon. Auf der Geraden fuhr Helmut im dritten Gang, in der Kurve nahm er den Zweiten. Dann kam die gewertete Runde, und das gab ein Konzert für Albion! Nach der Zielkurve noch beschleunigte Helmut die wirklich schnelle Maschine, er ließ den zweiten Gang drin und den Motor bis über die Drehzahlgrenze kommen —

— im letzten Sprung über die Linie gab es einen hellen Schlag an der Maschine, das Hinterad zog im Bruchteil einer Sekunde einen braunen Strich im Gras, dann war Stille, und die Goldstar mit defektem Motor rollte aus. Im Lautsprecher wurde die Zeit verkündet. Alex war um 2/10 Sekunden geschlagen.

Aber der Goldstar-Motor klapperte langsam aus. Die Feuerwehr-Kapelle begann, eine Bauernpolka zu spielen, und im Lautsprecher rief der Rennleiter die Fahrer des ersten Laufs zusammen. 125 ccm. Also die kleinen Bienen, keine Spezialmaschinen. Meist Nachwuchs. Nicht so wichtig. Der erste Lauf der 500er Spezialisten war erst anderthalb Stunden später, dann war Alex dran — und dann war der schnelle Helmut mit der Goldstar auch wieder dran. Anderthalb Stunden. Egal, es würde wenigstens reichen, zu erfahren, was in dem Goldstar-Motor gestorben war. Sie schoben Alex' Renner und die englische Gold-Lady auf die Nachbarweide, und noch ehe Helmut Zeit hatte, einen Schluck aus der Teeflasche zu machen, war schon der Tank der BSA abgenommen. Mit zwei Mann arbeiteten sie am Motor — zuerst die Kerze raus, dann das Auspuffrohr ab, dann den Vergaser weg. Anderthalb Stunden — 90 Minuten Zeit!

Den Seilzug des Auslaßventilhebers weg, Zylinderdeckel ab, die Abdeckung der Stössel seitlich runter. Sie versuchten die Kurbelwelle so zu drehen, daß beide Ventile geschlossen und entspannt waren. Es ging — und dabei merkten sie schon, daß das leicht und seltsam einfach war. Im Nu waren alle Ölleitungen abgeschraubt und der Zündmagnet entfernt. Noch 80 Minuten.

Die Zylinderkopfbolzen — man kam von unten am Zylinder an sie heran — wurden gelöst, und dann konnten sie den Kopf abnehmen. Alles starrte atemlos auf das Werk — Auslaßventil abgerissen! Teller zum Rohr hinaus!

Sie hatten Glück gehabt, der Kolbenboden war nur mit Kerben versehen und leicht angeklopft, der Ventilteller steckte nicht drin. Das wäre ja auch das Ende gewesen, denn einen anderen Kolben hatten sie nicht. Ein Auslaßventil war zum Glück vorhanden. Was tun? — Noch 70 Minuten.

Der Zylinder mußte runter, der Kolben sollte von Peter, dem Feilenkünstler, wieder manierlich »gestaltet« werden — die anderen würden inzwischen ein neues Ventil einbauen und den Verbrennungsraum von den Spuren der Schläge befreien, so gut es ging. Da gab es gar nichts, die gesamte Konkurrenz mußte mithelfen. Hier wurden die schärfsten Gegner zu Freunden und Kameraden — die Goldstar mußte wieder flott werden, sonst war das »internationale« Rennen hin.

Da geschah etwas Fürchterliches: der Helmut paßte nicht auf! Als er die Teile aus dem Kopf zusammenklaubte, da vergaß er in der Aufregung die kleinen Keile, die den Federteller und die Feder des Auslaßventiles gehalten hatten. Weg! Irgendwo im Wiesengras! Und noch 50 Minuten.

Ventilfederkeile sind meist nicht größer als ein halber Nagel des kleinen Fingers, dazu natürlich aus Stahl — im Gras auf der Erde sind sie verschwunden. Und wo so viele herumtappen, da sind sie schnell im Dreck vertreten. Erst schwärmten sie für ein paar Minuten aus — aber es war ein sinnloses Unterfangen. Noch 40 Minuten — langsam brannte die Geschichte. Nun wühlten sie in ihren Schrappscheren-Kisten herum, ob sie etwas Passendes hatten. Der Alex kratzte in seinen Schrauben, Teilchen und Brokken wie ein Fuchs am Mauseloch — verdammt wenig Zeit noch, schnell, schnell. In einer kleinen Dose fand er das Gesuchte,

lauter Federkeile. Hingerannt, angehalten — Mensch, das kann nicht möglich sein: die Dinger passen!
35 Minuten. Der Kolben war schon bald wieder »glatt«. Sogar die Ventiltaschen hatte der Peter wieder einigermaßen sichtbar werden lassen. Das neue Auslaßventil war schon wieder drin im Kopf. 30 Minuten. Kolben einbauen, Ringe drauf, Zylinder aufsetzen. Vorsicht, Vorsicht — drängelt doch nicht so — jetzt ging der Zylinder glatt rüber, kein Ringschaden. Zylinderfuß festziehen. Zylinderkopf aufsetzen — noch 25 Minuten. Kinder, wir schaffen es. Draußen trat jetzt die zweite Gruppe der 350 ccm Maschinen an. Der Rennleiter schickte jemanden rüber und fragte, ob es hinhaut. Es haute hin.
Gerade rief der Lautsprecher die großen Maschinen an den Start, da wischten sie sich an der Putzwolle die schwarzen Hände ab. Minuten später standen der lange Peter, Helmut, Alex und fünf andere mit ihren Maschinen an der Startlinie. Die Goldstar hatte zwar keinen runden Leerlauf, aber der Motor drehte sich — die Starterflagge ging runter — mit herrlichem Donnerbrausen riß das Fahrerfeld das Gras weg und schoß davon. Zehn Runden.
Alex war vorn, ehe die anderen noch bis drei zählen konnten. Die Velo schwabberte quergestellt durch die erste Kurve, die Goldstar etwas versetzt nach innen dahinter, denn Grasbatzen schmecken nicht gut. Dann der lange Peter mit der Sprinter-Jap, im Sandbahnstil — nicht so ganz das Richtige auf Gras und Maulwurfsacker. Aber mit einem unwahrscheinlichen Drehmoment — dagegen war alles andere nichts. Die Zuschauer am Zaun drehten beim Vorbeirasen der Maschinen den Rücken zur Bahn, weil in den Kurven das Gras und der Dreck nur so flogen. Schon war die erste Runde herum.
Der August am Lautsprecher sprudelte über vor Begeisterung, und so merkte es wohl kaum jemand, als er mit seiner dem Tempo der Gladiatoren angepaßten Phantasie und Begeisterung schrie:

»Und jetzt greift der bulgarische Staatsmeister unseren Altmeister Alex an, die Startnummer 7 hat die BSA-Goldstar überholt — !«

Der »bulgarische Staatsmeister« hörte davon nichts, er merkte nur, daß er mit der Sprinter der angeschlagenen Goldstar überlegen war, und daß er auch zum Spitzenreiter und dessen Velocette Boden gut machte. Jedesmal beim Beschleunigen nach den Kurven — vielleicht würde es langen, in den nächsten Runden noch, an Alex und der Velocette vorbei zu kommen. In der dritten Runde hatte er die Goldstar noch am Hinterrad kleben. Aber dann war die plötzlich weg — wieder aus; die Schnellreparatur hatte doch nichts genützt.

Jetzt waren der lange Peter und der Alex am Zuge. Der »bulgarische Staatsmeister« nahm allen Mut zusammen. Aber der »Altmeister« Alex war auf der Hut — er wollte die Velocette noch nicht verausgaben, denn er merkte schon, daß er noch für einen Endspurt Reserven haben mußte. Er ließ den Peter immer so weit kommen, daß er am Eingang der nächsten Runde fast am Hinterrad der Velo fuhr. Dann flitzte Alex in unvergleichlicher Kunst wie ein Wiesel mit der etwas leichteren Maschine um die Biegung, gewann wieder drei oder vier Meter.

Der »Bulgare« Peter riß beim Kurvenausgang das Vorderrad der Sprinter-Jap hoch und ritt buchstäblich einige zehn Meter nur auf dem fast durchdrehenden Hinterrad. Schon war er wieder an der Velocette, doch da war dann auch schon wieder die Kurve. Noch hatte es keinen Zweck, eine harte Drängelei anzufangen, man konnte das vielleicht in der letzten Runde riskieren.

Jedesmal auf der Geraden schaute sich Alex um. Wenn Peter nun länger außen blieb, daß er nicht im Gesichtsfeld seines vor ihm fahrenden Gegners blieb, vielleicht könnte man auf diese Weise täuschen, daß der Alex dachte, der Verfolger wäre weg. Mal sehen.

Letzte Runde, das Publikum tobte und schrie. Der lange Peter hatte Luft für seine Taktik vor den anderen Verfolgern, er wollte es probieren. Auf der ersten Geraden zeigte er sich deutlich und ging ganz dicht an die Velocette im Kurveneinlauf ran, er blieb länger als in den Runden vorher dran und ließ sich weit nach außen, ganz dicht an den Zaun tragen. Alex war nicht umsonst »Altmeister« — als wenn er den Braten gerochen hätte, fuhr auch er ganz außen am Zaun entlang und blickte sich kurz um. Siehste, so wollte es also Peter machen — nöö, mein Jung, nicht mit mir!
Aber der Peter war wachsam, er merkte, daß sein Trick durchschaut wurde — da wechselte er blitzschnell nach innen und zog den Jap-Motor bis an die Drehzahlgrenze auf, daß er regelrecht einen Ruck nach vorne machte. Fast neben der Velocette kam er innen in die Schlußkurve — er konnte sich halten — die Velocette aber blieb außen — sie war genau so schnell dort. Die Zuschauer rissen beinahe den Weidezaun um, beide Maschinen kamen gleichzeitig dicht nebeneinander auf die Zielgerade — noch 100 Meter. Beide rissen die Vorderräder hoch und duckten sich runter — die Sprinter-Jap schien Millimeter um Millimeter zu gewinnen — sie war vor der Velocette! War sie Sieger — ?
Nein! 20 Meter vor der Ziellinie flutschte irgendetwas unter der Maschine heraus und gleichzeitig fiel diese zurück — die Velocette kam doch noch vor — einen halben Meter — Alex war Sieger. Alex war Sieger! An Peters Maschine war die Primärkette gerissen und abgelaufen.
Als Alex die Velocette zum Stehen gebracht hatte, da kam der lange Peter angelaufen. Er trat auf den »Altmeister« zu und lachte über das ganze Gesicht: »Ich gratuliere Dir, Alex!« Und Alex sagte: »Mensch, Peter, was ist in dem Jap-Motor für eine Wucht drin!«
Die Feuerwehr-Kapelle spielte einen Tusch, der Rennleiter überreichte Alex den Kranz. Der aber nahm die Schleife für sich ab,

das Grüne gab er dem Peter, und so standen sie einträchtig als die Helden des Tages vor der Tribüne, bevor sie die Ehrenrunde auf Alex' Velocette antraten. Der Helmut als Bahnrekordhalter kam dazu. Und der August schrie im Lautsprecher: »Hier ist der große Sieger dieses Rennens, unser Altmeister Alex, und neben ihm steht der bulgarische Staatsmeister, der sich so wacker geschlagen hat —!« Weiter kam er nicht, denn die Zuschauer schrien und tobten, und der Bürgermeister kam von der Tribüne mit einem großen silbernen Pokal, der Gendarm trat hinzu und salutierte. Die Feuerwehr-Kapelle marschierte heran und setzte sich vor den großen Zug, der nun — die großen Helden und Fahrer vorne weg — in Richtung Bierzelt feierlich in Gang kam. Kerls, Kerls, war das ein Tag!

Im Fahrerlager packten sie die Maschinen wieder ein, brachen die Zelte ab und holten Wasser zum Waschen aus dem Bach. Die Zuschauer bummelten zwischen ihnen hin und her, und die Mädchen warteten, daß »ihre« Fahrer und Ritter endlich ihre Motorräder verladen hatten, damit man zum Tanzen gehen konnte. Das Radio-Auto hatte einen Platten, sie mußten noch ein Rad wechseln und einen Reifen flicken, während schon im Bierzelt die Musik die erste Polka startete. Und dann ging das rund.

So um Mitternacht tapsten ein paar Gestalten aus dem rauchigen Vergnügungsdom und versuchten, den Motor des alten Autos in Gang zu kriegen. Nach dreimaligen Versuchen sprang er an. Hinten im Wagen hatten sie drei Maschinen und den Fritz und das Mädchen drin, vorn wackelte der Helmut beim Schaukeln der Karre auf den schlechten Moorstraßen immer mit dem Kopf auf und ab, hin und her — er schlief. So bewegte sich die müde Fuhre mit den trüben Lampen in Richtung Stadt und Heimat. Das große Rennen von Puusdorf war vorbei.

Einer von ihnen wurde später einer der »Großen«. Mit Werksverträgen und Traum-Maschinen, mit Ingenieuren und Mechanikern zur Seite, mit einem Rennleiter und großen Summen. Aber diese Rennen waren hart — es war Geschäft. Und wenn er mal irgendwo in Europa bei einem Grand Prix in der ersten Startreihe stand, dann dachte er vielleicht mal kurz daran, was von Puusdorf und seinem Rennen, vom »Altmeister« und vom »bulgarischen Staatsmeister« übrig geblieben war. Ich kenne diesen Großen, der sagte neulich zu mir: »Weißte was — das Rennen von Puusdorf, du weißt schon, das war das schönste von allen.«

Tja — und nun gehn Sie *heute* mal zu einem Bürgermeister und sagen Sie: »Herr Meier, nächsten Sonntag machen wir auf den Wiesen hinter Ihrer Kirche ein Grasbahnrennen für Motorräder — — — !« Sagen Sie das mal. Heute. 20 Jahre nach Puusdorf.

Käptn Brass

Ich kannte mal einen, den nannten sie Korl Brass. Das ist ein wenig Schiffer-Plattdeutsch und soll so viel wie »Karl Wütig« heißen. Man sagt ja, daß einer schnell »in Brass« kommt oder schnell »in Rage« kommt — beides soll dasselbe bedeuten. Brass kommt von »Brassen«, und das waren auf den alten Segelschiffen die Taue, die an den äußeren Enden der Rahen anfaßten und mit denen die Rahen seitlich verdreht wurden. Wer »in Brass« kommt, der kommt sozusagen ins »Ziehen eines Taues« — es heißt auf alle Fälle, daß er sich besonders anstrengt. Mit der Zeit entstand daraus der Begriff, sehr von einem »wütenden Eifer« befallen zu sein. Wer »hart anbrasste«, dessen Schiff lief eben am besten am Wind.

Wie Korl Brass richtig hieß — ehrlich gesagt, ich kann es nicht sagen. Ich weiß nur, daß er ein richtiger Seemann war, mit Salzwasser getauft wurde und stolz erzählte, daß er noch das wilde Kap Horn umrundet hatte. Daraus mag der Leser schließen, daß das kein sehr junger Geselle an Jahren mehr war. Ne, Korl Brass war etwas mehr als 60 Jahre alt, als er in unserem Blickwinkel auftauchte. Wenn wir ihn erfreuen wollten, dann nannten wir ihn »Käptn Brass«, denn er war Pensionär einer Reederei in Bremen. Also wird er sicher etwas mit der ollen, christlichen Seefahrt zu tun gehabt haben. Er sprach auch nur in Bildern aus der alten Segelschiffahrt, und von dem Ruf »All hands on deck« bis zu der Redensart »Aye, aye, Sir!« beherrschte er das Repertoire der Seemannssprache perfekt. Er wohnte (und wohnt dort hoffentlich heute noch) an der Unterweser hinterm Deich in einem alten Ziegelsteinhäuschen mit einem richtigen Strohdach drüber und saß sehr gern in seinen freien Stunden auf dem Deich und schaute über die Weser. Alles so ein wenig wie im Bilderbuch. Aber es war so.

Wenn man ihn hörte, dann kannte er fast jedes große Schiff, das die Weser hinunter oder hinauf zum Hafen von Bremen fuhr. Korl trug am liebsten einen alten Rollkragen-Pullover und eine blaue Schiffermütze, und wenn er nicht kaute, dann smeukte er seine Pfeife, seine Pip. In der Woche rasierte er sich zweimal. Einmal am Dienstag abend — »for den Landgang«, wie er sagte, und einmal am Freitag abend — »denn so kann's Sonntag werd'n«. Aber — die meiste Pflege ließ er seinem »Privat-Dampfer« angedeihen, den er sich etwa ein Jahr nach seiner Pensionierung angeschafft hatte (weswegen ich erwähne, daß er zum Maschinenpersonal eines Schiffes gehört hatte!).

Dieses Fahrzeug bewegte sich auf dem Lande, es hatte zwei Räder, einen sehr starken Motor dazwischen und auf dem Benzintank prangte das Zeichen der Marke BMW. Es war ein Motorrad, eine Maschine vom Typ R 68. Käptn Brass mußte es sich — und muß es sich auch heute noch — gefallen lassen, daß die Motorradfahrer von ihm viele Anekdoten erzählen, und ich glaube, daß er so ein wenig Unsterblichkeit als Figur erlangt hat. Wie ich ihn kenne, nimmt er das keinem übel und freut sich sogar darüber.

Nach seinen Berichten mußte Korl Brass zu seiner Fahrenszeit natürlich ein Deubelskerl gewesen sein. So einer, der bei Windstärke 10 noch auf dem Masttopp sitzen bleibt und seine Pfeife stopft. Oder der einen ausgewachsenen Pottwal allein mit Nylonschnur und Rolle aus dem großen Teich herausholt. Na, wir kennen ja diese Typen. Aber Korl hat niemals eine Geschichte erzählt, die *nicht* wahr gewesen wäre! Wo gibt es denn sowas, daß ein alter, ehrlicher Seemann Lügen verbreitet?!

Mit seiner endgültigen Abmusterung war das so ein Ding. Als man ihm sagte (ich berichte nach seiner eigenen Erzählung): »Brass, nun mußt Du mal aufhören. Nu bist Du alt genug. Nu hast Du genug gearbeitet. Nu is Feierabend. Nix mehr mit Schiffen und so — !« Als man ihm das sagte, da muß er ja einen fürchterlichen Krach, einen schrecklichen Orkan in der Reederei losgelassen haben. Aber er konnte gegen »die Federfuchsers un Plünnenhändlers, gegen die Koofmichs und pfoinen Herrens« wohl doch nichts machen! Er mußte beidrehen, den Anker fallen lassen und an Land gehen. »Schiet wat!« Ich weiß nicht, was sie ihm gezahlt haben, und ob sie ihm nicht einen Pensionsvorschuß gaben, oder ob Korl nicht doch in all' den Jahren ein schönes Stückchen »Strandgut« in die Luken brachte — jedenfalls brummte er böse: »Diese Butschers wollen mich ins Abwrack-Dock schleppen. Nee — mit mir nich!« Und darum stand später vor seinem kleinen Häuschen hinterm Deich ein Motorrad.
Seefahrt und nun Landratten-Kapitän? Der ganze Ort und alle seine Freunde schüttelten die Köpfe. Nun ist er ganz verrückt geworden. Je oller, je doller. Jemand erinnerte daran, daß er anno 28 in einem kleinen Rettungsboot, das er bei Nacht und Nebel vor der Küste von West-Amerika in den Stillen Ozean gelassen hatte, bis kurz vor San Franzisko gerudert war, wo ihn ein anderes Schiff aufsammelte, als er gemerkt hatte, daß ihn irgendein verdammter Seelenverkäufer in Frisko shanghait hatte. Die Geschichte ging damals sogar durch die Presse. Es war ihm also doch noch mancher Streich zuzutrauen, und Korl sagte: »Ich bin immer ein Fahrensmann gewesen, und das bleibe ich, bis ich umfalle.«
Im Krieg hatte man ihn aus irgendwelchen Gründen zum Kraftfahrpark der Marine nach Wilhelmshaven geholt. Vielleicht wollte man ihn nicht auf See mehr lassen, aber dort hat Korl Brass sehr schnell entdeckt, daß der Wind auf einem Motorrad genauso

schön pfeifen kann wie über das Deck eines Schiffes. Er mußte natürlich alle Führerscheine machen und hatte demzufolge auch den Führerschein I für Motorräder. Am liebsten fuhr er auf diesen Maschinen herum, und seine ständige Redensart war: »Wenn ich mal abmustern muß, denn fang ich an Land mit diesem Kram an.« Nun war es soweit.

In seiner Zeit als Seemann hatte er schon allerhand Häfen auf der Welt gesehen. Aber »da gibt's 'ne Menge Häfen, in die bin ich noch nich eingelaufen« meinte er. Vor fünfzig Jahren hätte er das Reisen in Le Havre auf der französischen Bark »Clondique« angefangen, einem der letzten Handels-Segelschiffe. Le Havre wolle er nochmal sehen. Und Marseille, und Tanger, und Gibraltar, und Neapel, und Kuwait —! Die Biskaja-Küste mal von Land aus sehen — tja, nich —! Er träumte von den kleinen Häfen an der französischen Atlantikküste.

Korl Brass legte seinen Privat-Dampfer an den Ausrüstungskai seines Hauses und fing an, die großen Reisen vorzubereiten. Seine Frau war ein paar Jahre zuvor verstorben, und bei ihm lebte eine jüngere Schwester, die ihm seinen Haushalt führte. Sie schüttelte vom Morgen bis zum Abend den Kopf über seine Pläne »Korl, Korl — du bist mall«. Aber dagegen tun konnte sie nichts, das war mit Lebensgefahr für sie verbunden.

So legte Korl eines Tages in einem Geschäft für Seemannsausrüstung an. Dort kannte man ihn gut. »Nanu? Sünd Se nich pensioneert?« »Nu spitzt man die Bleistifte«, sagte Brass, »und denn bestellt mich man so'n büschen was.« Es folgte eine lange Liste — aber alles so Krams für den Landverkehr. Als er aufschrieb »Motorrad-Sturzhelm, Größe 57 einhalb«, da kam der Ladeninhaber persönlich und fragte: »Brass, haben Sie Besuch von Ihrem Neffen?« — »Nee«, sagte Korl, »das 's for meine Braut!« »— ? —« »Und denn mach mal 'n büschen fix damit, in vier Wochen werf ich die Leinen los, denn muß das alles an Bord sein.«

Daß man Motorrad-Ausrüstungsgegenstände in einem anderen Laden kauft, das war ihm garnicht aufgegangen. Er kaufte ja auch seine Hosen und seine Mützen im Seemannsladen — also werden die auch die anderen Plünnen besorgen können. Und so war es auch. Er kriegte eine Postkarte, daß er alles abholen könne, und so schwang er sich auf die neue BMW und fuhr wieder in die Stadt.

Es war ein großer Karton mit Klamotten, den er hinten auf der Maschine festband. Dann startete er in Richtung Heimathafen. Der Motor der BMW läuft ja sehr ruhig, und Korl war mit den Drehzahlen auch sehr vorsichtig. Auch wollte er das nagelneue Stück nicht gleich hochjaulen lassen und Kavalierstarts hinlegen. So kam er gemächlich an den großen Verkehrsknotenpunkt vor der Weserbrücke, wo sich alles ein wenig anstaute. Ganz so verrückt war der Verkehr zur Zeit der braven R 68 in den ersten fünfziger Jahren noch nicht wie heute an der neuen Brücke, die über die Weser geht. Hinter dem Dom bei der Domsheide war vor der Post eine Straßenbahnhaltestelle, und Käptn Brass steuerte sein Motorrad gemächlich hinter der Drei her, die voll mit Leuten dem Marktplatz zustrebte. Ein paar Autos hinter ihm warteten schon eine Weile, daß er endlich sein fixes Roß an der alten Straßenbahn vorbeischießen lassen würde. So eine BMW R 68 war mit ihren 600 ccm und den 35 PS schon ein ganz rasantes sportliches Motorrad. Ein sogenannter Hundertmeilen-Renner, der 100 englische Meilen = 160 km/h lief, wenn man ihn auf der Autobahn voll aufdrehte. Es war das damals schnellste und schönste Motorrad, das man aus deutscher Fabrikation für Geld kaufen konnte.

Aber Brass wollte mit dem kostbaren, neuen Stück noch nicht verrückt spielen, und außerdem hatte er auf der hinteren Plattform der Straßenbahn eine Person entdeckt, die ihm einen solchen Schrecken einjagte, daß er das Überholen und die ungeduldig hinter ihm hupenden Autofahrer vergaß. Da stand nämlich Tante Auguste mit ihrem schwarzen kleinen Stadthut auf dem Kopf und starrte ihn, den Motorradfahrer Korl Brass, mit großen Augen an. Tante Auguste war nicht ganz 70 Jahre alt und eine junge Schwester seines längst verstorbenen Vaters, eines Kaufmannes aus der Neustadt. Sie war der einzige Mensch, vor dem Korl Respekt hatte, denn wenn sie auch manchmal als bissige Ziege in der Familie verschrien war, so hatten ihre Mahnungen, ihre moralischen Ansichten und ihre langen, schnellen Reden doch immer etwas Wahres und Richtiges im Hintergrund. Und das ist etwas, was Lausbuben wie Korl Brass nun einmal gar nicht gern haben, obwohl sie merken, daß etwas Rechtes dahinter steckt. Tante Auguste hatte ihn in seiner Jugend oftmals wie eine Mutter oder eine ältere Schwester betreut, aber sie hatte ihm auch manches strenge Wort gesagt und ihn wieder auf den richtigen Kurs gebracht, wenn er mit seinem Temperament wieder mal irgendwo zu viel Dampf drauf hatte.

Hinter sich die Autos, vor sich die haltende Straßenbahn — es gab kein Entweichen mehr. »Sieh, Korl — nu löppt din Kahn das erste Mal auf Grund«, dachte Brass bei sich und schob noch schnell die Mütze ein bißchen ins Gesicht. Vielleicht, vielleicht steuerte Tante Auguste doch noch einen anderen Kurs. Aber alle Hoffnungen waren vergeblich. Die Tante stieg aus und drehte mit vollen Segeln auf ihn zu. Vor der Maschine blieb sie stehen, nahm den kleinen Schirm in die linke Hand und legte die rechte Hand auf den Lenker des Motorrades.

»Karl! Bi-st Du das?« fragte sie und schoß einen bohrenden Blick auf ihn ab. »Nee, Auguste — dat is man nur so'n Geist von der Unterweser, und ich glaube, Du gehst besser weiter, sonst glaubst Du wirklich noch, Du hätt'st Korl Brass gesehn«, versuchte er es so halb und halb mit Frechheit. Aber Tante Auguste kannte Korl — sie reagierte überhaupt nicht darauf und sagte nur: »Du

st-eig-st da jetzt runter und schieb-st das Knatterdings an den Bürger-st-eig«. Das Wort Bürgersteig sprach sie mit ganz spitzem »-st-«, wie das nur eine »Tagenbaren« (am Ort Geborene) kann. »Und dann, Karl«, fuhr sie mit unbewegtem Gesicht fort, »dann erzähl-st Du mir, was Du Dir eigentlich gedacht ha-st«.

Korl Brass dachte, daß das ja wohl egal wäre. Wegnehmen könnte sie ihm sein neues Motorrad ja nicht, und außerdem hätte die bucklige Verwandtschaft sein neues Hobby so oder so ja bald spitz gekriegt. Da machen wir's halt gleich alles zusammen ab. Denn was Tante Auguste raus kriegte, das war innerhalb von 10 Sekunden in ganz Bremen rum — schneller als das der Seefunk von Norddeich Radio kann. Also kletterte er von seiner BMW und schob sie brav an die Seite. Tante Auguste stelzte hinterdrein.

»So«, begann sie, »was ha-st Du Dir eigentlich gedacht, Karl, als Du Dir ausgerechnet ein Motorrad gekauft ha-st? Konnte das nicht wenig-st-ens ein Auto sein, bei dem Ansehen der Familie hier in Bremen? Und denn will ich Dir mal was sagen: Dein ganzes Leben bi-st du da draußen in der Weltgeschichte herumge-st-romert, immer ha-st Du keine Ruhe nicht gehabt, und wenn Du mal zu Hause war-st, dann ha-st Du Deine liebe Frau und die ganze Familie mit immer neuen merkwürdigen Dingern erschreckt. Wenn das wenig-st-ens immer Geschichten gewesen wären, die in die allgemeine Linie gehört hätten! Nein, Du mu-ßtest immer sowas machen, was dann nachher in der ganzen Stadt herumging. Aber ich glaube, das st-ört Dich gaanich —«, wollte sie fortfahren.

Korl unterbrach sie, in dem er all' seinen Mut zusammennahm: »Nu mach halbe Kraft voraus, Tante Auguste. Wie ich zur übrigen Familie und der ihren Kurs passe, das weißt Du. Ich kann nun mal auf den Tod dies ‚pfoine' Getue nicht haben von den neureichen Koofmichs. Und dahinein paßt es, was ich Dir jetzt sage, weil Du meinst, daß mein Motorrad, mein Privat-Dampfer, nicht zum Ansehen der Familie passe. Junge, Junge, Tante Auguste —! Meist is einer ja nich, was er gern sein möcht' oder was er von seiner Familie eingeredt' kriegt — einer is im Leben immer nur das, was er sich selbst schafft und darstellt. Da hat 'n Namen und Abst-ammung«, er äffte Tante Auguste mit ihrem spitzen -st- nach, »da hat Einbildung und all' dieser Krimskrams gar nichts mit zu tun. Einer kann es sich schaffen — ehrlich und sauer. Ein anderer schafft's nich, un wenn er sich noch so viele Kohlens unter den Kessel schiebt. Siehste, Tante Auguste, und was die letzteren sind, die meinen aber immer, sie hätt'n den besten Liegeplatz unter den anderen Kähnen und den fett'sten Happen aus dem Smutje seinen Pott verdient, weil sie was Bess'res wären. Dabei sind sie in mein'n Augen die letzten Kohlentenders, die man in'n Hafen zu Gesicht kriegt. Un wenn die meinen, mein Motorrad würde ihr Ansehen schädigen, denn so fohr ich erst recht mit mein Privat-Dampfer rum, das kannste ihnen man sagen, denn da is dann nicht mehr viel zu schädigen. Nu laß mal hören, was Ihr sonst noch auf der Laderolle habt!«

Tante Auguste machte sich nichts aus solcher Abstammungs- und Familienphilosophie. Sowas überhörte man als geborene Brass in

einer Unterhaltung mit Korl. Sie drückte Korl die Spitze ihres Schirmes auf den Bauch: »Du sollte-st mal dran denken, daß Du nich mehr zwanzig Jahre alt bi-st; daß Du ein erwachsener Mensch bi-st; daß Du auch mal die Würde des Alters bedenken soll-st. Und, lieber Karl, will-st Du Dir nach einem so schönen Leben noch den Kopf an einem Chausseebaum einschlagen? So ein Motorrad ist doch ein lebensgefährliches Ding, und Du ruinier-st Deine Gesundheit. Immer wir-st Du dreckig sein, und die Sachen in dem Bindfadenkarton — wie kann man nur — das Feine will wohl nicht rein bei Dir, Karl — wie kann man nur so herumlaufen! Du bi-st nicht nur eine Witzfigur und ein dreckiger Land-st-reicher, Du bist doch glatt ein St-romer und ein Mensch zweiter Klasse, Karl. Dich nimmt doch keiner mehr ern-st. Oder man behandelt Dich wie einen Bettler an der Tür, und die Leute drehen sich nach Dir um. Wei-ßt Du, was Dein Vater gesagt hätte? Der hätte Dir verboten, das Motorrad vor die Hau-st-üre zu st-ellen. Jawohl!«
Sie mußte Luft holen nach diesem langen Satz, und das war für Korl die Gelegenheit, erstmal die Schirmspitze von seinem Bauch zu nehmen und zweitens sich wieder in den Sattel der Maschine zu setzen. »Tante«, sagte er und schaute Auguste von unten herauf an, »wenn mein Vater noch leben würde, dann würde der jetzt hinter mir auf dem Motorrad sitzen. Der war nämlich 'n vernünftiger Kerl und nich so'n Gernegroß, der immer klein bleibt. Und außerdem hat er — wie Du wohl weißt — auch manchen feinen Jungenstreich gemacht. Und denn noch was — ich bin auf See gewesen, ich fühl mich erst zwanzig Jahre alt. Du fühlst Dich vielleicht hundert *weise* Jahre alt, obwohl Du erst 70 büst. Und auf See, Tante Auguste, da geht's denn doch 'n büschen haariger zu, da kannste Gesundheit, Ansehen und Moral man weitaus sneller verlier'n als hier auf meinem neuen Privat-Dampfer. Und wenn de schon von der buckligen Verwandtschaft

anfängst, Deinem Lieblingsthema neben dem, was Du immer meinst, die Leute reden werden, also denn will ich Dir mal was sagen: weißt Du, warum nie ein echtes Mannsbild bei Dir vor Anker gegangen ist? Weil Du immer die Nase hinhielst wie der Leuchtturm am Roten Sand, und weil Du Steuermann Janssen damals 'n Korb gegeben hast, als der von der Steuermanns-Schule mit einem Motorrad zu Euch in die Neustadt kam. Und weil Du immer Angst gehabt hast, die Leute snacken über Dich rum. So hast Du's wie Jan und alle Mann immer gemacht. Man bloß nicht aus dem raus, was Du ‚die allgemeine Linie' nennst.«

Korl kam richtig ins Schwitzen bei seiner ungewöhnlich mutigen Gegenrede, und Tante Auguste wurde ein wenig blaß. Aber sie war eine Bremer Kaufmannstochter (auch wenn sie aus der Neustadt stammte, dachte Korl bei sich) und bewahrte kerzengerade Haltung und eiserne Miene. Auch noch, als Korl die Mütze nach hinten schob und etwas leiser sagte: »Tante Auguste. Was weißt Du denn von allen schönen Sachen? Ich werd' Dir jetzt 'n Vorslag machen, von dem Du nie nich geträumt hast. Ich pack den Karton auf den Tank und setz Dich hinten auf den Soziussitz — erster Klasse, Passagier-Deck. Und dann schippern wir auf mein'n Privat-Dampfer nach'er Neustadt rüber — da muß ich und da mußt Du sowieso lang. Und wenn Du nich hier an Bord geh'n willst, denn leg ich nochmal drüben in'n Schnoor an, da kannste an Deck, ohne daß Dich jemand sieht.«

»Kaaarl!« Tante Auguste schien sichtlich erschüttert. Aber plötzlich lächelte sie. »Junge, Du wir-st nie erwachsen. Wenn Du nun das bißchen, was ich Dir über Deine Gesundheit gesagt habe, behalten würde-st, und wenn Du mit Deinem Knatterdings vorsichtig bi-st, dann bin ich ja man froh. Das andere wir-st Du doch nie kapieren. Und damit Du ander-st denk-st, weswegen Deine Tante Auguste nie ein Ankerplatz für ein richtiges Mannsbild wurde, wie Du Dich auszudrücken beliebte-st, so ha-st Du ja wohl

vergessen, daß Erich — ich meine St-euermann Janssen — damals zuletzt bei uns war und dann nicht mehr von See zurückkehrte. So, und nun fähr-st Du in den Schnoor, da st-eige ich auf.« Damit drehte sie sich um und setzte sich in Richtung der kleinen und ältesten Straßen Bremens in der Altstadt in Bewegung.
So oder ähnlich muß das Gespräch abgelaufen sein, wie Käptn Brass erzählte, und er berichtete weiter, daß er eine ganze Weile völlig sprachlos noch auf der Maschine gesessen habe, bevor er sie wieder antrat. Das konnte doch nicht wahr sein, dachte er. Aber es war wahr. Tante Auguste wartete im Schnoor schon auf ihn, weil er erst auf Umwegen durch das Einbahnstraßensystem dorthin gelangte. »Halt mal den Schirm, Korl«, sagte sie, als sie — dieses Transportmittel ungewohnt — umständlich mit Hilfe von Korl auf den Soziussitz kletterte, einem kleinen ledernen, aber gut gepolsterten »Rennsitz«, der bei der BMW R 68 mit seiner vorderen Kante am Fahrersitz angelenkt war und mit diesem mitschwang. Korl hatte die Maschine aufgebockt, um ihr zu helfen, bis sie gut saß. Dann nahm er seinen Schal und band ihn um ihren Kopf, so daß damit gleich das Hütchen festgehalten wurde. Ihr langer Rock wurde sorgfältig festgelegt. Aus dem Pappkarton angelte er eine Fahrbrille heraus und setzte ihr diese auf die Nase. Tante Auguste war fertig. Der Schirm wurde mit dem Bindfaden auf dem Karton festgebunden, Korl trat den Motor an, stieg in den Sattel, schob die Maschine vom Ständer, wobei Auguste das erste Mal »Huch!« rief, als das Motorrad mit einem Plumps auf die Räder kam. Dann holte er den Karton auf den Tank zwischen seine Arme, und die Fuhre war fertig zum Start.
Schön langsam wie ein Bugsierschlepper im Hafen fuhr Käptn Brass los, denn er sagte sich, daß es völlig verkehrt wäre, Tante Auguste mit einem forschen Start gleich Angst einzujagen. Bis zur Weserbrücke ging alles gut, dann mußte er wieder durch den Verkehr und neben Straßenbahnen und Autos balancieren. Ein

paar Lausebengels riefen von der Straßenbahn runter: »He, Opa! Gib mal Gas!« Käptn Brass brummte: »Snotters!« —
Dann wurde der Verkehr lichter, es gab mehr Platz auf der Straße, und man konnte schon einmal etwas mehr aufdrehen. Ist es ein Wunder, daß es in Brass' rechtem Handgelenk mächtig zu jucken begann mit Tante Auguste als Passagier? Bis dahin hatte sie bewunderungswürdig ruhig gesessen und sich am Gürtel seiner Jacke festgehalten. Wenn er bremsen mußte, dann rutschte sie nach vorn ganz fest an seinen Rücken. Als er sich daraufhin grinsend nach hinten umdrehte, sagte sie spitz: »Guck nach vorne, Karl.« Gerade hatte er das Gas weggenommen, weil er an die Eisenbahnunterführung zu Anfang der Woltmershauser Heerstraße gekommen war, und das hatte ein kleiner weißer und offener Sportwagen ausgenutzt und war an ihm vorbei nach vorn gekommen. Der Fahrer grinste ihn komisch an, und der Beifahrer kniff ein Auge zu und zeigte ihm die Faust, mit der er das Zeichen zum Vollgasgeben machte.
»So 'ne Bellos!« dachte Brass. »Nun sollen diese Piraten mal sehen, was da in so einer BMW drinsteckt.« Er schwenkte weiter zur Straßenmitte an den Rand der Straßenbahnschiene genau hinter den kleinen Wagen und drehte etwas mehr am Drehgriff. Die BMW kam sofort auf Touren und war im Nu an dem »Konkurrenten« dran. Der Tachometer zeigte so an 70 km/h an, und obwohl die Straße nicht gerade topfeben war, war noch kein Grund zur Beunruhigung vorhanden. Auch von Tantchen kamen keine Signale — also, würde das wohl in Ordnung gehen. Karl gab mehr Gas.
Das Motorrad war im Nu direkt hinter dem Wagen, und Korl betätigte die Tute. Sofort machte das Auto nach rechts Platz, und jetzt zog Käptn Brass mit gewaltigem Dampf unter dem Kessel im dritten Gang daran vorbei. Das dauerte nur eine Sekunde, und der weiße Sportwagen war abgehängt. Und da er wußte, daß sich

die jungen Leute Opas Parforceritt so ohne weiteres wohl nicht gefallen lassen würden, ließ er das Tempo noch ein bißchen länger stehen, ehe er wieder langsamer fuhr.
Die beiden Autofahrer aber dachten nicht daran, ein Rennen zu beginnen. Sie blieben hinter der R 68 und betätigten ab und zu ihr Dreiklanghorn. Jedesmal zuckte die Tante zusammen und ruckte Korl in den Rücken. Dabei rief sie in den Fahrwind und in Korls Ohren hinein: »Fahr doch zu, Karl — oder halt an!« Brass grinste und tat nichts. Er hielt seine Fahrt, bis sie links ab mußten, wo Tante Auguste wohnte. Vor der Haustür hielt er an, und die Tante stieg von der BMW runter. Sie nahm die Fahrbrille ab, gab Korl den Schal zurück, klemmte sich ihren Schirm unter den Arm und blickte ihren Neffen lange an. Schließlich meinte sie: »Als wir als Kinder das er-ste Mal in Wangerooge in der Nordsee baden sollten, da hatte ich schreckliche Ang-st. Nachher war das ja man ein herrliches Vergnügen. Aber, lieber Karl, sei vorsichtig. Und wenn Du wo bi-st, wo es schön i-st, denn schreib mal eine Po-st-karte.« Damit stiefelte sie ins Haus. An mindestens fünf Fenstern der Nachbarhäuser sah Korl, wie sich die Gardinen bewegten, und er grinste vor sich hin. »Und denn«, erzählte er, »und denn, Leute, hab ich den Hahn aufgemacht, daß die Maschine zwischen den niedrigen Häusern der kleinen Straße losdonnerte wie nichts Gutes. Und Tante Auguste, wenn sie man auch ins Familienhorn tutet, sie ist doch kein Spielverderber. Ne, is sie nich.«
Es sei mir gestattet, diese Geschichte noch mit einem kleinen Kommentar zu versehen. Der Leser mag an ihr erkennen, daß das Motorrad seit seinem ersten Auftreten hier mit Vorurteilen bedacht wurde. Meist von Leuten, die das Fahren aus eigener Anschauung gar nicht kannten. Und Tante Auguste sprach es doch klischeeartig aus, was »man« allgemein vom Motorrad, von dem Motorradfahren und vom Motorradfahrer denkt. Ob Käptn

Brass die richtigen Antworten darauf gegeben hat, weiß ich nicht — eines weiß ich aber, und da hat m. E. unser Held in dieser Geschichte nicht unrecht gehandelt: er hat Tante Auguste ein Stück gefahren. »Weißt Du«, meinte er mal, »dies ganze Gerede hört doch sofort auf, wenn man jemanden fragt, ob er schon mal selbst an Bord war. Die ollen Segelschiffer hatten eine feine Antwort, wenn irgendeine Landratte mit Weh und Ach von der schröcklichen gefährlichen Schiffahrt lamentierte. Die sagten einfach: Liebe Leute, legt euch ja nich ins Bett, das is doch so gefährlich — da sünd schon so viele Menschens in gestorben; sünd sie. Jawohl.«

Der Straßenbahn-Schreck

Man kann mit und auf Motorrädern eine Menge verkehrt machen. Bis einer mit allen guten und bitteren Erfahrungen von einem Greenhorn zum alten Fahrensmann wird, und bis einer mit allen Wassern gewaschen ist, vergeht meist eine Menge Zeit. Unser Freund Käptn Brass, den Sie ja nun kennen, vertraute mir seine Motorrad-»Jugend«-Streiche erst viel später an, und siehe da, zuerst war er in diesem Land-Abenteuer auch kein Bootsmann mit einer langen Latte Schiffsnamen im Heuerbuch. Bevor er eine BMW kaufte, war auch erst ein ganzes Jahr ins Land gegangen, und er hatte so seine besonderen Dinge erlebt. Erst wollte er gar nicht, daß ich Sie berichte, aber heute lacht er zusammen mit uns darüber und sagte: »Vertell das Garn man ruhig. Können die jungen Spinners was von lern'n.«

Zuerst hatte er gedacht, daß es ein gebrauchtes Motorrad ja auch täte. So war er bei einigen einschlägigen Händlern herumgezogen und hatte mal nachgesehen, was so angeboten wurde. »Meist merkten die ja bald, daß ich keine Ahnung nich' hatte, und sie meinten auch meist, daß man so einem Opa ja viel erzählen konnte. Also erzählten sie mir, daß die dollsten alten Schinken, Ölsardinen und Nierenschläger sanft wie Lämmer gefedert seien, garantiert 160 Kilometer in der Stunde rennen würden und generalüberholt wären. Aber so'n ganz klein büschen was vom Maschinenbau weiß ich ja nun auch, und so konnte ich zumindest von außen sehen, ob eine Maschine gepflegt war, und mit meinen Ohren konnte ich ja doch spekulieren, ob beim Laufenlassen des

Motors das Geräusch einer Dreschmaschine dabei herauskam. Eines Tages kam ich zu einem ... «

Ja, zu wem Käptn Brass da gekommen war, der war stadtbekannt, und auch mir fallen im Zusammenhang damit noch manche andere Stückchen mit Leuten ein, die mit Motorrädern handeln und handelten. Brass kam also in dieses Mustergeschäft (so etwa »Gebrauchte Motorräder en gros und im Detail«) und betrat den Hof, der hinter den Häusern lag. In großen Regalen in einem schuppenartigen Lager waren sorgfältig geordnet Motoren, Getriebe, Rahmen, Räder, Vergaser, Lenker, Tanks, Sättel und weiter eine Unmenge Kleinteile. Neben diesen Gebrauchtteilen gab es ein wohlsortiertes Lager für neue Ersatzteile von den meisten zur Zeit vor dem Kriege noch laufenden Maschinen. Bei den Motorradfahrern war dieser Mann gern gesehen, denn er brachte es oft fertig, für die seltensten Typen noch Ersatzteile irgendwo auftreiben zu können. Sein Angebot an gebrauchten Maschinen war auch deshalb interessant, weil er sich auf sportliche englische Marken ein wenig spezialisiert hatte und darunter immer etwas Besonderes war. Sie standen in einer Reihe sauber und gepflegt vor dem Lagerschuppen. »Haben Sie schon einmal ein Motorrad gefahren?« fragte er Korl Brass und wunderte sich, was einer in dem Alter noch mit einem Motorrad wollte. Aber die Zeit war noch nicht wirtschaftswunderlich, und Motorräder wurden noch viel für Beruf und Gewerbe benötigt. Korl sah mit seinem windzerfurchten, braunen Gesicht auch nicht gerade wie ein ahnungsloser Stubenhocker aus. Und als Brass dann noch sagte, er habe schon viele Motorräder in Wilhelmshaven gefahren, da verschwand das Mißtrauen. »Wissen Sie«, meinte der Händler weiter, »von allen Maschinen werden in England die sportlichsten gebaut. Ein Motorrad ohne diesen englischen Beigeschmack ist kein echtes Motorrad. Das kann eben keiner nachmachen.« Damit lenkte er Käptn Brass' Aufmerksamkeit auf eine Maschine, die

ein wenig hinter den anderen in der Ecke stand. »Das hier ist zur Zeit das interessanteste Stück, das ich habe. Ich habe es von einem Amerikaner gekauft, und der brachte es von Heidelberg mit. Da muß noch ein wenig was dran gemacht werden. Es ist eine Raleigh von 1933. 350 ccm, Einzylinder, hängende Ventile im Zylinderkopf. Die müßte so 16 PS haben. Das Getriebe hat 3 Gänge und schon Fußschaltung. Es ist ein unerhörter Sprinter. Wenn Sie das Gas aufmachen, dann ist Musike zu hören, und dann schießt die ab wie eine Rakete.« Brass fragte, was denn diese Maschine fix und fertig kosten solle, und ob es dafür noch Ersatzteile geben würde. »Naja — also fünfhundert Mark muß ich dafür wohl doch noch haben. Ersatzteile könnte ich vielleicht von England besorgen. Aber da geht nichts dran kaputt. Und was kaputt gehen sollte, ist so allgemeines Zeugs, das hab ich für viele Maschinen passend da.« Nun ja, der Apparat sah ja man sehr schön aus für sein Alter, und Brass fragte, ob sie liefe. »Natürlich«, war die Antwort. »Meine Angebote laufen alle, Sie können ja mal damit um die Ecke fahren. Nur ist da noch etwas dran — der Gasdrehgriff hier am rechten Lenkerende geht anders rum. Ich bin noch nicht dazu gekommen, dieses Stück gegen einen anderen auszutauschen. Den hatte der Ami da dran — irgend so eine amerikanische Spezialität. Also beim Beschleunigen müssen sie nach *vorn* drehen — forward. Beim Gaswegnehmen müssen sie loslassen, er schnappt dann kurz nach hinten zu. Aber da gewöhnen Sie sich fix dran. Und sonst — passen Sie auf, der Motor ist eine rasante Rakete. Wollen Sie mal probieren? Nummernschild ist noch dran von meiner letzten Probefahrt.«
Er schob die Maschine in die Mitte des Hofes und trat den Motor an. Der lief sehr schön. Besonders auffallend war, daß er beim Gaswegnehmen richtig »schnorchelte« wie ein klassischer Rennmotor. Brass ließ sich die Lage der Gänge erklären und setzte sich in den Sattel. Beim Anfahren war die eigenartige Drehrichtung

des Gasgriffes ja sehr ungewohnt, aber es kam alles gut in Gang. Brass fuhr durch die Straßen erst vorsichtig und langsam, um sich an die Maschine ein wenig gewöhnen zu können. Nach sehr kurzer Zeit stellte er fest, daß das Motorrad wie ein Fahrrad so leicht zu regieren war, daß es aber auch einen sehr starken Motor hatte, dessen Drehmoment so günstig für richtige Blitzbeschleunigungen war. Das machte richtig Spaß! Nur mußte er immer dran denken, daß er beim schnelleren Fahren den Drehgriff nach vorn — forward — drehen mußte und nicht nach hinten, wie das ansonsten international bei allen Motorrädern üblich ist.

So näherte er sich durch die Straße »Fedelhören« den Straßenbahnschienen, die am »Dobben« seinen geplanten Kurs in die »Schwachhauser Heerstraße« kreuzten. Heute ist das dort alles ein wenig umgebaut, damals kam man aus den Fedelhören heraus und traf auf die Gleise der Linien 1, 10 und 4, die von links her vom Bahnhof und von rechts her von den Haltestellen zu Beginn der Schwachhauser Heerstraße kamen. In diesem Falle kam eine Bahn der Linie 10 von links her, und Käptn Brass hatte Kurs auf den Kreuzungspunkt von Straßenbahn und Motorrad.

Als er die Bahn erblickte, die sich ja mit Vorfahrtsrecht auf einer Hauptstraße befand, nahm Brass instinktiv das Gas weg, um anhalten zu können — — — aber — — — das Motorrad machte einen furchtbaren Satz nach vorn! Brass hing geradezu noch eben und eben am Lenker und rutschte vom Sattel nach hinten runter. Er hätte den Drehgriff kurz loslassen und nach hinten schnappen lassen sollen, statt dessen hatte er aus alter Wilhelmshavener Gewohnheit mit der sonst üblichen Norm den Drehgriff nach vorn gedreht — und das bedeutete ja bei diesem verrückten Rennpferd nicht etwa »Gas zu« sondern »Gas auf«. Die Maschine raste daher mit einer irrsinnigen Beschleunigung auf die Schienen und die von links kommende Zehn los.

Der Straßenbahnführer riß die Kurbel herum und griff mit der rechten Hand zum Sandkastenhebel. Der Rumpelkasten machte eine schreckliche Notbremsung und schlitterte holpernd und kreischend ein ganzes Stück weiter, ehe er stand. Die Leute innen flogen alle nach vorn durcheinander. Brass hatte aber blitzschnell erfaßt, was ihm da passierte. Sein Seemannsgehirn funktionierte also noch mit überraschend jugendlicher Reaktionsfähigkeit. Hätte er gebremst, wäre er doch noch unter die Bahn geraten, und deshalb ließ er jetzt das Gas stehen und legte das donnernde Roß in eine Rechtsbiegung, um *vor* der Bahn noch in die Schwachhauser Heerstraße zu gelangen. In der Tat sprintete die Maschine folgsam aber mit weiterhin gewaltiger Wucht weiter, Brass segelte voll vor dem Winde mit allen Leesegeln der Bahn um Millimeter

vorm Bug vorbei und verschwand wie ein rasendes Gespenst mit fliegender Jacke und flatternden Hosen schließlich in der langen Schwachhauser Heerstraße. Die Kollision war vermieden.

In der Straßenbahn gab es ein entsetzliches Geschrei und Geschimpfe auf den »Motorrad-Lümmel«, aber der war weg und nicht mehr zu sehen, und keiner hatte in den schrecklichen Sekunden die Nummerntafel angeschaut. Käptn Brass stand hinter der Eisenbahnbrücke am Straßenrand einen halben Kilometer weiter und wischte sich mit seinem großen Taschentuch den Angstschweiß von der Stirn. »Brass, was war das mit dir?« sprach er zu sich selbst. Und dann kletterte er von dem Deubelsding runter. »Ne, den Dampfer schieb' ich nach Hause. Das 's ja man 'n verrückten Kram, und auf dem braucht man ja ein Extra-Patent.« Und dann schob er die Maschine brav zur Handlung »Gebrauchte Motorräder en gros und im Detail« wieder zurück. »Nö«, sagte er zu dem Händler, »den Dampfer behalten Sie man, und machen Sie man erst 'n annern Maschinentelegraphen dran.«

Banditen

Nach einiger Zeit und einigen Erfahrungen kam Käptn Brass zu der Erkenntnis, daß es schließlich am Ende billiger sei, wenn man sich eine neue und moderne Maschine kaufen würde. Seine Wahl fiel auf die BMW. Damit hatte er den »Dampfer«, den er sich wirklich gewünscht hatte, und die großen Fahrten begannen.

Seine Reisen führten ihn durch ganz Europa, und als er erstmal auf den richtigen Geschmack gekommen war, da wurde er genau wieder so ein Weltenbummler, der er immer gewesen war. Aber nun konnte er allein bestimmen, wohin das Schiff segeln sollte, und wenn es ihm irgendwo in einem Hafen gefiel, dann blieb er dort liegen, solange es ihm behagte. Von seinen mannigfaltigen Abenteuern ist mir noch eines im Gedächtnis geblieben, und das spielte sich auf der Fahrt von Agrigento nach Messina auf Sizilien ab. Längst hatte Käptn Brass es sich abgewöhnt, auf den großen Hauptrouten zu fahren. Er wählte für seinen Geschmack die kleinen Nebenstraßen und -wege, denn dort konnte man das Land und seine Bewohner besser kennenlernen. Auch waren die Nebenstraßen fahrerisch meist viel anregender und befriedigender. So wählte er seinen Kurs von Agrigento durch das Val di Noto über Canicatti — Riesi — Mazzarino — Armerina — Raddusa — Agira — Troina — Cesaro, dann über die Berge Nebrodi und den Paß Femmina Morta am Monte Soro entlang nach San Fratello.

Auf dieser Fahrt hatte er hinter Raddusa auf der geröllhaltigen und staubigen Straße die erste Reifenpanne am Hinterrad. Es war der Reserveschlauch, den er schon auf der Hinfahrt nach Sizilien in den Alpen montiert hatte. Den bei dieser ersten Reifenpanne beschädigten Schlauch hatte er später in Ruhe geflickt und wieder im Gepäck verstaut. Er brauchte also auch jetzt nicht am Straßenrand zu flicken, sondern nur das Hinterrad auszubauen, die beiden Schläuche zu wechseln, mit der großen Luftpumpe den neuen Schlauch wieder aufzupumpen, das Hinterrad wieder einzubauen, und dann konnte er weiterfahren. Nun mach das aber mal einer bei glühender Hitze auf einem staubigen Geröllweg — ca. 40 ° C im Schatten!

Mit etlichen Verschnaufpausen aber war der Dampfer nach einer Stunde wieder flott, der defekte Schlauch lag oben auf dem Gepäck schön festgezurrt, damit er beim nächsten längeren Halt in irgendeinem Dorf in Ruhe und im Schatten geflickt werden konnte. Und Brass verspürte einen unwiderstehlichen Drang nach Schatten, nach kühlem Wasser. Er kreuzte die Straße von Enna nach Catania, die am Flüßchen Dittaino entlang geht, war jedoch so gut in Fahrt, daß er weiter nach Agíra fuhr. »Aber auch hier gefiel es mir nicht so. Ich war so fein im Gange, weißt Du, und da dachte ich, da kann man doch gleich weiter den Kurs beibehalten über die kleine Straße nach Troina zu. Wenn ein Dampfer gut in Fahrt ist, denn sollst Du ihn rennen lassen wie'n alten Teeklipper. Und wenn Du durch 'ne Piratengegend kommst, denn so laß man volle Fahrt voraus laufen. Hier um die Gegend von Nicosia sollte das ja man von Räubers nur so wimmeln, da is' doch die Mafia-Bande zu Hause. So ließ ich denn meine Berta mit Volldampf weitergehen. Konnte ja hinter jedem Felsbrocken so'n Snotterbello mit seiner abgesägten Flinte auf mich lauern.«

Tja, das war etwas für Käptn Brass: wilde Gegend, schlechte Wege, Räuber und Banden! Zwar sah er höchstens einen armen Hirten, einen Esel, ein paar alte Frauen in den mehr als ärmlichen Dörfern, aber wer weiß, wer weiß —! Der alte Vulkanberg, der

Ätna, war nicht weit, und allzu schnell konnte er auf dieser Staubstraße nicht fahren, die sich durch die karge Landschaft voller Felsen, Gestrüpp, Berge und Höhen wand.
Als Brass wieder um eine Biegung kam, stand plötzlich ein Mann auf dem Weg. Der hatte eine flache Mütze mit einem Schirm auf, ein vor vielen Jahren einmal weiß gewesenes grobes Hemd, eine dunkle Weste und eine weite schwarze Hose an. Das Gesicht war faltig und dunkelbraun. In der einen Hand hielt er einen groben Bergstock, und mit der anderen trug er einen Rucksack.
Und dieser Rucksack — der erschien unserem Korl nicht so ganz geheuer, denn es lugten die offenen Enden zweier nebeneinanderliegender Rohre oben heraus. Brass wußte es sofort: abgesägte Flinte — Mafia — Räuber!
Der Kerl stand breitbeinig da und sagte nichts. Er wich auch nicht zur Seite, so daß man nicht an ihm vorbeifahren konnte. Korl mußte halten. Der Mann kam auf ihn zu, grinste ihn an und begann, in einem südländischen Kauderwelsch ganz schnell und aufgeregt auf Käptn Brass einzureden. Der aber verstand nicht ein einziges Wort. Schließlich machte der Mann Zeichen, daß er mitfahren wolle, daß dieses Mitfahren höllisch wichtig sei. Dabei klopfte er auf seinen Rucksack.
Brass verstand diese Sprache sofort. Aber er zeigte dem Mafia-Mann, daß seine Maschine hinten und vorn voll beladen war, und daß da wohl kaum mehr Platz für einen zweiten Mann sei. Außerdem versuchte er ihm klar zu machen, daß der Weg alles andere als geeignet sei, darauf mit einem Motorrad zu fahren, das derartig belastet würde. »Ne, Jung! Bei mir kannste nich anmustern und denn vielleicht die Piratenflagge hissen.«
Der Mann schaute Brass mit glühenden Augen an. »No, no, no, no, no«, schrie er aufgeregt und schwang sein Bein über das Gepäck der Maschine. Im nächsten Augenblick hatte er beide Füße auf die hinteren Fußrasten gestellt und stand über dem Gepäck

auf der BMW. Er schlug Brass immer auf die Schulter und machte mit der rechten Hand das Zeichen zum Gasgeben. Als Korl immer noch etwas fassungslos ob dieser Frechheit nicht anfuhr, da schrie der Kerl noch aufgeregter und schneller, machte mit der rechten Hand und dem rechten Zeigefinger Bewegungen, die auf das Abdrücken eines Gewehres hinzuweisen schienen und schrie dazu immer lauter: »Bumm, bumm, bumm, bumm, bumm — !« Dann legte er beide Handgelenke übereinander, was wohl bedeuten sollte, daß man ihn fesseln würde, wenn er jetzt nicht gleich von hier fortkäme. Brass sah schon im Geist die Carabinieri über die Felsen springen und die Gewehre schwingen, er hörte schon die Kugeln pfeifen und sah sich schon im Stadtgefängnis von Palermo bei Wasser und Brot, Wanzen und Ratten.
»Ne, ne — wat'n dummerigen Kram. Denn hilft das ja wohl nichts. Na, wart, Schwarzer, dann mach ich Dampf untern Kessel, daß Du die Seekrankheit kriegen sollst. Nun woll'n wir mal sehen, ob Du reiten kannst!« Ihm war es egal, ob der Bursche fest und sicher saß oder ob der runterfliegen würde. Im Stehen könnte der sowieso nicht lange mitmachen. Und Brass gab Gas. Er fuhr so hart an, daß die Geröllbrocken unterm Hinterrad hinten rausschossen und daß das Vorderrad ein wenig in die Luft stieg. Volldampf voraus.
Das ging soweit ganz gut, aber über den zweiten Gang und mehr als 70 km/h kam er auf dem schlechten Weg nicht hinaus. Außerdem war durch den stehenden Kerl der Schwerpunkt weit nach oben und hinten verlegt, so daß der Dampfer mit ziemlich labiler Wellenlage dahinsauste. Doch Brass meisterte die Kurven — nur nicht runter in die Abgründe sehen. Der Bandit aber schrie mehr als einmal »Mama, mia — no, no, no, no — !« Jedesmal grinste Korl und sagte: »Wart, Du Oberbandit. Dir mach ich Qualm in die Hose, daß Du einen ollen ehrlichen Seemann das nächste Mal zufrieden läßt. Bis Du mich in Deine Fallgrube hast, bist Du selbst

vor Angst gestorben.« Und damit raste er mit der hüpfenden und tanzenden Maschine auf die nächste Biegung los.

Gerade wollte er wieder voll aufziehen — da wurde das Schiff in der Steuerung merkwürdig unruhig, es begann plötzlich wild zu schlingern, Brass mußte mit den Füßen von den Rasten und ruderte wie ein Huhn auf dem Wasser. Vorsichtig bremste er, dann kam die Maschine zum Stehen und sackte hinten ein. Hinterradreifen platt!

Der Mafia-Räuber sprang mit bösem Gesicht herunter und fuchtelte wild mit den Armen herum. Er schrie wieder aufgeregt auf Korl ein und machte wilde Zeichen. Aber Käptn Brass verlor nun seine Ruhe. »Du Malefizkerl, Du dämlicher. Hau ab! Shut up! Runter von Bord! Weg da! Verschwinde! Ich schlag Dir mit der Luftpumpe den Rücken blau! Du Mafia-Geziefer. Entweder Du kriegst jetzt 'ne Tracht Prügel oder Du hilfst mir die Maschine aufbocken. Halt's Maul!« Aber der schwarze Bandit rollte die Augen und stand einen Moment still vor Entsetzen da: »Mafia, Mafia, Mafia!« schrie er immerfort und schlug an seinen Rucksack. »No, no, no, no, no — presto, presto, presto — Mamma mia —« und es folgten einige Bekreuzigungen und ein Schwall von Worten, die Brass aber nicht verstand. Der Mann war offensichtlich in heller Aufregung.

»Hör auf zu sabbeln!« sagte Korl etwas ruhiger und zeigte ihm, wo er anfassen sollte. Dann baute er in aller Ruhe das Hinterrad zum zweiten Male an diesem Tage aus, aber er hatte keinen fertig reparierten Schlauch zum Wechseln, denn er hatte ja den am Morgen durchlöcherten und gewechselten Schlauch inzwischen nicht flicken können. Also blieb ihm nichts anderes übrig, als das Loch zu suchen und zu flicken. Die Dämmerung kündigte sich an.

Er mußte also ein wenig schnell machen, denn im Süden ist der Übergang vom Tag zur Nacht viel kürzer als bei uns. Dabei konnte ihm der inzwischen auf seinen Rucksack gesunkene Räuber allerdings nicht helfen. Dieser saß und hatte den Kopf in seinen beiden Händen vergraben, während er fortwährend leise vor sich hinredete, den lieben Gott und die Mutter Maria anrief und verzweifelt das Gesicht hin und her drehte. Korl ließ sich aber nicht aus der Ruhe bringen und konnte das Loch finden. Wahrscheinlich hatte der Hinterreifen einen Gewebebruch durch die schlechten Straßen und die große Belastung. So schnitt er von seinem zweiten Schlauch mit der kleinen Schere ein größeres Stück heraus, um es zwischen Reifenwand und Schlauch zu legen. Den zerschnittenen Schlauch aber packte er wieder ein. Nach ca. einer Stunde hatte er im Schein seiner Taschenlampe das Hinterrad wieder drin, der Räuber hatte den Reifen sogar mit aufgepumpt. Die Fahrt konnte weitergehen.

Zuvor aber öffnete der Mafia-Mann seinen Rucksack. Korl krampfte sich am Lenker seiner Maschine fest und dachte: »Nun macht der kurzen Prozeß mit Dir, Korl. Du hast den letzten Hafen angelaufen. Der hat nur gewartet, bis Du wieder mit der Mühle flott wurdest. Deine Fahrerei geht ihm zu langsam, nun will er selbst allein den wilden Ritt fortsetzen und Dein Gepäck und alles gleich mitnehmen.« Da reckte sich ihm eine Hand im Dunkeln hin, und sie umklammerte eine Flasche.

Käptn Brass lehnte den Trunk ab. Da setzte der Mafia-Mann den Flaschenhals selbst an, machte einen langen Zug und hielt Brass die Flasche wieder hin. Er grinste ihn an, das Weiße seiner Augen leuchtete im Dunkeln und wieder redete er schnell und aufgeregt auf Korl ein. »Na, denn gib her, wenn Deine Seligkeit dran hängt. Mal sehen, was Du da für Lebenselixier mit hast. Mit einem Mafia-Mann hab ich noch nie einen getrunken. Prost.« Es war Marsala-Wein. Und um ehrlich zu sein — das schmeckte dem halb verdursteten Käptn Brass sehr wohl, und er schluckte noch einmal eine Ladung nach. Das rieselte in alle Glieder und gab neuen Lebensmut. Vielleicht war es Absicht des Räubers, damit

die Fahrt nun im Dunkeln flott weitergehen würde. Denn es war offensichtlich, daß der wilde Mann es sehr, sehr eilig hatte.
Im Scheinwerferlicht tastete sich Brass weiter, man mußte höllisch aufpassen, daß man nicht über den Wegrand hinaus ins Nichts geriet. Nebenher hatte Korl Angst, daß der Reifen die hohe Belastung und die schlechte Straße mit dem festgestellten Gewebebruch nicht lange aushalten würde. Ein besonders gutes Gefühl war diese Rutscherei bestimmt nicht. Aber nach einer endlos scheinenden Zeit tauchten plötzlich im Dunkeln hinter dem engen Paß de Tre Lichter auf. Es waren die ersten Häuser von San Fratello, diesem von Bergrutschen immer wieder heimgesuchten Dorf in der Nähe der Küste. Der Mafia-Mann schlug Korl auf die Schulter und schrie in einem fort: »Stopp, stopp, stopp, stopp, stopp — finito, finito!«
»Gut.« Käptn Brass hielt den Dampfer an. »Mach Dich fort, renn, was Du rennen kannst, Kollege. Bin froh, wenn Du die Kajüte räumst und von Bord bist. Vergiß aber nichts. Nur den Buddel, den kannst da lassen als Geld für die Fahrkarte.«
Als wenn der Räuber es verstanden hätte, drückte er Korl die Flasche in die Hand, wobei er wieder aufgeregt etwas erzählte, von dem man kein Wort verstehen konnte. Dann warf er sich den Rucksack auf den Rücken, zog die Mütze tief ins schwarze Gesicht, und ehe man bis drei zählen könnte, war der Bandit blitzschnell in der tiefen Dunkelheit verschwunden. Nur einmal noch tauchte seine dunkle Gestalt im vollen Lauf im Lichtschein eines kleinen Hauses auf, dessen Tür offen war, und aus dem heraus mehrere Männer auf die Straße traten. Käptn Brass sah, daß dies eine Wirtschaft sein mußte, und er beschloß, dort nach einem Nachtquartier zu fragen. Mit dem angeschlagenen Hinterreifen wollte er lieber am nächsten Tag bei Licht weiterfahren.
Er fand ein dürftiges Lager, eine scharfe sizilianische Pesce stocco, ein Gericht aus Stockfisch, Tomaten, scharfen Gewürzen, Kapern,

Zwiebeln und einen Becher Marsala-Wein. Der Wirt verstand ein wenig englisch und deutsch, das hatte er wohl von Soldaten gelernt, und war recht gesprächig. Aber sehr bald verschwand Käptn Brass in seiner Koje und versank im Meer der Träume.

*

Am anderen Morgen aß er zum Frühstück ein angewärmtes Brötchen, gefüllt mit scharf gewürzter Wurst und Käse. Als er den schwarzen Kaffee aus dem Becher trinken wollte, blieb ihm die Luft weg —

— in der Tür der Wirtsstube stand, wegen des grellen Sonnenlichtes draußen jetzt im Dunkel scharf auslugend, der Mafia-Mann, der Bandit und Räuber!

Als er die Stube betreten hatte, sah Brass genauer. Das Gesicht des Mannes zeigte eine von Schlägen stark geschwollene Backe, ein Auge war blau, das andere halb von furchtbaren Prügeln verschlossen. Auf einem Stuhl brach die Gestalt förmlich zusammen, und der hereintretende Wirt schrak beim Anblick seines neuen Gastes zurück. Brass setzte die Kaffeetasse hin, schob sein Brötchen etwas zurück und steckte die rechte Hand in die Tasche. Dort hatte er seinen Zündschlüssel, und diesen schob er nun zwischen Mittel- und Ringfinger so hin, daß der Schlüsselbolzen nach außen starrte. Eine bessere Schlagwaffe konnte er sich so schnell nicht beschaffen. Er drehte mit der linken Hand den Stuhl, auf dem er saß, so herum, daß er die Lehne vor sich und griffbereit hatte, außerdem setzte er sich so hin, daß zwischen dem Banditen und ihm der Tisch stand, den er notfalls umstürzen würde. Schließlich kannte er sich in Kneipen-Gefechten ja noch aus. Wenn der Bursche nur keine Schußwaffe hatte —!

Der Wirt redete auf den Kerl ein, dieser antwortete in seiner schnellen unverständlichen Art. Doch schien ihn die Aufregung verlassen zu haben, er machte eher einen resignierten Eindruck. Aber er blickte ein paar Male zu Brass rüber, deutete mit dem Finger auf ihn, und der Wirt nickte jedesmal mit dem Kopf. »He, Wirt! What is the matter? Was ist los mit dem Banditen?« sagte Brass halblaut zum Wirt und machte sich auf einen Ansprung gefaßt. Aber der schaute Brass erstaunt an. Dann lachte er, und der Mafia-Mann lachte schließlich ebenfalls. »Dieses Mann kein Mafia-Bandit, Signore! Dieses Mann zwei Tage in Agira. Sie verstehn — serr lustig, Freunde, Signorinas — na, Du weißt — und Marsala-Wein gut. Zwei Tage lustig! Dann aber wissen, daß Signora in San Fratello warten. Seit zwei Tage warten Signora von dies Mann und fünf Bambini. Er war nötig zu sein schnell. Serr schnell er mussen zu sein Haus. Signora böse. Signora ihn begrüssen — Du sehen. Fein Arbeit!« Und die beiden lachten jetzt, bis der Bandit sich seinen schmerzenden Kopf hielt.

Brass hatte also ein Abenteuer mit der Mafia gut überstanden, aber er schwört immer noch, daß die Geschichte mit der wartenden Signora eine ganz faule Sache gewesen sei. »Dieser Lausekerl hatte einen kleinen Raubzug gemacht und mußte gewaltig schnell die Kurve kratzen, als ich da gerade vorbeikam. Und nachher war das wohl nicht genug, was er da anbrachte, weswegen er von seinen Kumpels das Jack voll kriegte. Und mir wollten Sie was von Saus und Braus und Bambini weismachen!«

»Aber mal, da hat mich einer mitten im friedlichsten Deutschland selbst für einen Banditen gehalten. Junge, Junge —! Da fuhr ich auf der Autobahn Hannover — Köln. Das war zur Zeit, als da in dieser Gegend so ein Autobahnräuber rumgeisterte, der nachts die Leute auf den Parkplätzen überfiel und dann alle Fracht auf seinen Kahn übernahm. Den konnten sie nicht kriegen, weil er immer mit anderen Fahrzeugen auftauchte.«

»Ich fahr denn ja so ruhig mit 120 Knoten da lang in Richtung

Ruhrgebiet. Es war schon nach zehn Uhr abends, völlig dunkel, kaum noch Verkehr. In Höhe von Wiedenbrück — bumms, war plötzlich vorn das Licht aus. Nur noch das Standlicht ging, und ich hatte keine Reservebirne dabei. Ein Parkplatz war nicht in der Nähe, und so habe ich mich ganz langsam an der rechten Kante gehalten, und bin im ersten Gang weitergetuckert. Den Rand konnte ich man knapp erkennen, aber das rote Licht am Heck brannte ja noch. Mir kam die Idee, auf einen Wagen zu warten und mich dann hinter den zu hängen, um in dessen Licht wenigstens bis zum Rasthaus bei Hamm zu kommen, wo man ja wohl elektrische Birnen kriegen würde.«

»Da kam da einer mit einem VW-Transporter. Der fuhr vielleicht so 80, und das schien mir passend. Ich ließ ihn vorbei und scherte dann aus in dessen Kurs. Etwas nach Backbord abgesetzt konnte ich gut sein Licht mit benutzen, ich mußte nur aufpassen, daß ich aus der Linie war, wenn der plötzlich scharf stoppen würde. Alles ging klar, wir machten gute Fahrt.«

»Mit einem Mal schmeißt der vorn wohl ein paar Kohlen unter die Kessel, denn seine Fahrt wurde ganz plötzlich viel größer. Ich mußte zulegen, damit ich nicht den Kontakt verlor. Na, mir war das recht, so würde es ja schneller gehen. Doch plötzlich fängt er noch an, immer in langen Zickzack-Biegungen von der einen zur anderen Fahrrinne zu kreuzen.«

»Erst dachte ich, der is besoffen. Aber dann rast er wieder schnurgeradeaus und heizt seinen Ofen an, daß die Funken stieben. Da bin ich dran geblieben. Plötzlich aber — Jungens, da hatte Neptun wohl'n Daumen zwischengehalten, daß ich noch lebe — plötzlich leuchten dem seine Stopplichter auf, und der Karren legt eine Notbremsung hin, daß das einen schwarzen Strich auf'm Beton gab. Ich habe vielleicht meinen Dampfer von Fahrt genommen und die Notanker rausgeschmissen! Und denn standen wir ja wohl hintereinander mitten auf der Autobahn.«

»Die Tür von der Kiste flog auf und ein Mann stürzte raus. Er blieb vor meinem Motorrad stehen und rief: ‚Nun lassen Sie mich doch um Gotteswillen gehen! Ich hab heute eine wirklich schlechte Tageskasse! Hier, ich geb' es Ihnen ja.' Und damit hielt er mir so eine Geldtasche hin, wie Geschäftsleute sie bei sich haben. Und dann schrie er weiter: ‚Lassen Sie mich doch bitte fahren, tun Sie mir nichts mehr. Bei mir ist wirklich nichts zu holen, ich bin doch nur ein kleiner Händler. Da gibt es doch viel bessere Herrschaften.'«

»Wißt Ihr, Jungs — ich hab ein Gesicht gemacht, wie das ein Seemann nur hinkriegt, wenn er leibhaftig den Klabautermann auf der Rahe entdeckt. Und dann hab ich die Geldtasche weggeschoben und gesagt: Meine Scheinwerferbirne ist mir durchgebrannt, bester Mann, und da hab ich Sie für mich leuchten und lotsen lassen.«

»Mit einem Ruck nahm der daraufhin seine Geldtasche wieder an sich, und dann sagte er: Und Sie sind nicht der Autobahnräuber? — Nein, sagte ich, der bin ich nicht. Ich bin Korl Brass, Käptn von diesem Dampfer BMW, auf der Reise von Bremen nach Köln.«

»Ihr konntet richtig merken, wie dem ein Stück verrutschter Ballast über Bord plumpste. Und denn sind wir brav hintereinander bis zum Rasthaus Hamm gefahren, wo ich für die Nacht vor Anker ging, und wo wir dann noch einen kleinen Korn zur Beruhigung inhaliert haben.«

Auf der Autobahn lernte Korl Brass dann noch eines Tages einen Harley-Fahrer kennen. Als Brass von hinten aufkam und in Sichtweite des Harley-Fahrers auftauchte, gab dieser Gas und fuhr schneller. Es war eine Maschine der vierziger Jahre, der Fahrer ein Mann mittleren Alters, und hinter dem Sattel hatte die Maschine eine kleine umränderte Holzplattform, auf der — ein Schäferhund saß. Die Führungsleine hatte der Fahrer am Handgelenk. Harras oder Cäsar oder Axel (oder wie das Prachtexemplar von Hund geheißen haben mag) saß brav in seiner »Kiste« und genoß sichtlich die schöne Fahrt. Eine Weile blieb Korl hinter der seltsamen Fuhre und wunderte sich, was es in der Welt doch alles zu sehen gibt, und daß er trotz seiner Fahrensjahre immer noch nicht genug erlebt hatte, dann versuchte er, mit den Kraftreserven, die in der R 68 waren, an der Harley vorbei zu kommen. Es gelang ihm nicht. Nach einem kurzen Blick in den Rückspiegel legte der Harley-Fahrer erneut an Tempo zu. Das Ganze schien zu einem Rennen auszuarten, und Käptn Brass legte seinen Bauch in Falten und machte sich klein. Gleichzeitig gab er seiner Maschine das Kommando »Alleräußerste Kraft voraus« und schmiß noch mehr Kohlen in den Kessel. Die R 68 fuhr schon schneller als 130 km/h, und Korl wurde es mulmig. Mit diesem letzten Anlauf trachtete er, den Gegner durch Überraschung niederzuringen.

Onkel Harley aber war auf Draht — als Brass wieder am Hinterrad des amerikanischen Motorradberges auftauchte, schüttelte dessen Kapitän unwillig sein Haupt hinter der aufmontierten Windschutzscheibe, und langsam aber sicher röhrte die große Maschine davon. Käptn Brass versuchte es noch einen Augenblick mit angelegten Ohren — es war nichts zu machen.

»Na, denn nicht! Ich habe meine BMW ja nicht aus Freude am Bauen, sondern aus Freude am Fahren!« Mit dem Wort »bauen« meinen Motorradfahrer den Begriff des Schlosserns und der Reparatur, und Korl wollte damit zum Ausdruck geben, daß er seine Maschine nicht blödsinnig kaputt jagen mochte. Also nahm er das Gas weg und ließ die Harley ziehen.

Onkel Harley aber drehte nach einer Weile auch den Dampf wieder ab, und so geschah es, daß die beiden Maschinen schließlich doch wieder zusammenkamen. Brass tauchte wieder im Rückspiegel des Harley-Fahrers auf. Kaum war er auf Sichtweite dran, begann das Spiel von vorhin aufs neue.

Jetzt aber war Brass schlauer, er nahm das Gas weg bis auf etwa 80 km/h und ließ die Harley weglaufen. Dann wartete er auf ein Auto. Endlich kam ein großer Mercedes, der etwa 120 km/h machte. Brass schwenkte kurz entschlossen in dessen Windschatten und ließ sich mitziehen. Als die Harley wieder vorn auftauchte, blieb er weiter hinter dem Wagen. Dieser ging auf die linke Fahrbahnseite, Brass schwenkte so weit raus, daß er in Sichtdeckung für den Harley-Mann blieb, und — schrumm! — waren Auto und Käptn Brass mit der BMW an der Harley vorbei. Brass ließ sich noch eine Weile vom Wagen mitziehen, und dann fuhr er mit 100 km/h weiter in Richtung Hamburg.
Gerade hatte er sich beruhigt, da tauchte in seinem Rückspiegel das Harley-Ungetüm erneut auf. Unaufhaltsam kam es näher. überholte Brass, setzte sich vor ihn — und nahm aber dann das ruhige Tempo wieder auf.
»Das gibt's doch nicht!« dachte Korl. Vor ihnen tauchte der Rastplatz Sittensen auf, und die Harley schwenkte auf den Parkplatz ab. Der Harras saß nun aufrecht und funkelte Brass aus bösen Augen an. Korl fuhr mit auf den Platz, stellte seine BMW ab und ging auf Onkel Harley zu. Aber ehe er etwas sagen konnte — und irgendetwas Freundliches war da bestimmt nicht geplant — ehe also Käptn Brass einen lasterhaften Seemannsfluch loslassen konnte, ergriff Onkel Harley das Wort: »Hören Sie, Sie müssen entschuldigen. Aber mein Hund kann es nicht leiden, wenn ein anderes Motorrad uns überholt. Dann fängt der furchtbar an zu heulen, und das hält kein Mensch aus. Der hört erst mit Heulen auf, wenn ich das andere Motorrad wieder eingeholt habe. Ich habe erst gedacht, der hätte es nicht gemerkt, daß Sie mit dem Wagen an uns vorbeigeschlichen sind, aber da fing die Jaulerei wieder an. Das müßten Sie mal hören! Keine Minute halten Sie das aus. Vor allem, weil ich dann nichts mehr von den mechanischen Motorgeräuschen höre — und das ist wichtig, denn das

hier ist eine schnelle Polizei-Harley, die mir 'n Ami verkauft hat, und die sind mechanisch nicht leise. Da muß man ein Ohr auf den gesunden Lauf des Motors haben. Wenn aber der Köter anfängt zu jaulen —! Also *mußte* ich Sie wieder einholen. Da war er ruhig. Es ist jedesmal dasselbe. Nun mache ich Pause, und ich schlage Ihnen vor, daß Sie gleich weiterfahren, dann treffen wir uns nicht mehr unterwegs. Aber hier ist meine Adresse. Besuchen Sie mich mal. Gegen Autos hat Harras allerdings nichts.« Und damit reichte er Käptn Brass eine Visitenkarte.

So lernte Korl mit den Jahren eine Menge Leute kennen, eine Menge Motorräder, und er hatte viele Abenteuer auf seinen Reisen zu bestehen. Ein wenig verliebte er sich in sein Feuerroß, und wenn er irgendwo etwas Interessantes auch von anderen Maschinen sah, dann sammelte er das. In seinem Häuschen stapelten sich mit der Zeit seltene Motoren, Ersatzteile, und an der Zimmerwand hingen zerstörte Motorradteile, die mit den Jahren durch Pannen seiner eigenen und anderer Maschinen zusammenkamen. An jedem Teil hing eine besondere Erinnerung, ein besonderes Abenteuer, und wenn Tante Auguste zu Besuch kam, dann kriegte sie einen schwarzen Kaffee oder einen von Brass' süßen portugiesischen Weinen, er selbst machte sich einen ganz nördlichen Grog, und Tante Auguste wollte dann Stück für Stück die Geschichten der Brocken hören, die der Käptn von seinen Motorradfahrten an der Wand hängen hatte.

Ja, Jungens, und wenn ihr Käptn Brass heute besucht, dann geht er in den kleinen Schuppen neben seinem Häuschen und zeigt euch seine BMW, die steht da immer noch. Dann streichelt er den Tank und sagt schließlich: »Kommt mal rein. Ich muß Euch da was zeigen.«

Dann geht er zu seiner »Brocken-Wand« und sagt: »Motorradfahrer sind immer noch Entdecker. Ich bin zwar 'n ollen Seemann, aber das Meer war nicht groß genug für mich. So bin ich immer noch Fahrensmann. Und das sind meine Trophäen hier.« Dann zeigt er auf die durchlöchterten Kolben, die gebrochenen Kurbelwellen, auf die zerschmirgelten Nocken, auf die Zahnräder ohne Zähne, auf die gerissenen Zylinder — alles Sammelstücke von seiner und von anderen Maschinen. Bald sind es 10 oder 15 Jahre, daß er mit dieser Sammlung begann. Inzwischen hat er noch mehr Falten bekommen, und die Motorradfahrer dichten ihm ein biblisches Alter an.

Wenn man ihn nach seinem Lebensalter fragt, dann sagt er: »Tja, nu wart' mal. In dem Jahr bin ich von See gekommen, in dem Jahr war das mit der ersten Maschine«, dabei zählt er die Finger ab, »und vor zwei Jahren ist Auguste gestorben — na, die war ja man auch schon uralt — und solange hab' ich die BMW, dreimal war ich zur TT, viermal beim Elefantentreffen, sechsmal in Spanien und einmal in Tunis — ach ja, Tunis — hört mal zu, da hab' ich mal was erlebt. So mit einer ganz Verschleierten —!« Und dann lachen seine Augen, und wir alle vergessen, wie alt Käptn Brass wirklich ist.

Am nächsten Tag kann er einem irgendwo auf den Straßen begegnen. Sperrt mal die Augen auf!

Von der »Eisenbahn-Velocette«, von König Ibn Saud, von einer Fälscherwerkstatt und anderen feinen Leuten und Sachen

Wie soll man seine Gedanken ordnen, wohin und wie soll man all' die netten Kerle in diesem Buch verstauen und ordnen, die einem auf einem Motorrad begegnet sind? — Wenn man einmal ins Erzählen kommt, dann möchte oft so Vieles auf einmal heraussprudeln, und eine kurze Pause zum Überdenken sei mir vergönnt. Der Nett-Wirt soll nochmal ein neues Glas herüberreichen —

— und so kann es dann weitergehen.

Da gab es einmal in einer sehr großen Stadt ein Motorrad, das allgemein im Kreise der schnellen Männer bekannt war: die »Eisenbahn«-Velocette. Das war ursprünglich einmal eine 350 ccm Velocette KTT gewesen, Anfang der dreißiger Jahre, eine ehemalige Straßenrennmaschine. Wer alles sie schon besessen hatte, ist unerfindlich, aber die Maschine mit dem gerühmten Einzylinder-Viertaktmotor, mit obenliegender Nockenwelle durch Königswelle angetrieben, hatte einen legendären Ruf. Der Endbesitzer war schließlich Erasmus, der sie irgendwo bei einem Händler in der Ecke entdeckt hatte und billig kaufte, weil — so der Händler — »niemand damit klar kam«. Erasmus sagte »Welokette« zu ihr und fühlte sich damit sozusagen als Stadtmeister — unschlagbar.

Man muß zugeben, daß das Motorrad wirklich sehr schnell war und dazu noch einen wunderbaren hellen und harten Schlag hatte, was sich besonders in den engen Straßen sehr gut machte. Ein Signalhorn war bestimmt nicht notwendig, und das gefiel Erasmus, dem jungen und feurigen Fahrer, natürlich ganz besonders gut. Im Zylinderkopf hatte die Maschine schon die offenen Haarnadel-Ventilfedern, ein Zeichen schneller Herkunft, ungewöhnlicher Leistung — ein Duft der großen Grand Prix-Welt. Natürlich einen Rennvergaser ohne Luftfilter und schon ein Viergang-Fußschaltungsgetriebe mit einem langen Schalthebel auf der rechten Maschinenseite. Die Vorbesitzer waren durchaus sportliche Leute gewesen, und vorhandene Laschen zum Befestigen von Startnummern-Schilder wiesen auf eine sehr ruhmreiche Vergangenheit hin.

Da mußte es hart hergegangen sein, denn man sah so manche kleine ehrenvolle Schramme und Narbe an den knappen Kotflügeln — heute würde man sagen, daß das Motorrad unerhört »sexy« aussah. Es machte fast gar nichts, daß sich mit der Zeit so eine Art Frischöl-Schmierung gebildet hatte, die — laut Erasmus — außerordentlich praktisch war, denn man konnte sich den Ölwechsel sparen. Das Öl wurde nämlich von der Ölpumpe durch eine extra angeordnete Leitung in den Zylinderkopf gefördert und drang dann irgendwo durch allerhand undichte Ritzen wieder ans Tageslicht. Der Fahrtwind beförderte es von dort recht elegant in den Stiefelschaft des Fahrers, von wo es schließlich weiter auf die offene Hinterradkette geblasen wurde. Das hatte den Vorteil, daß man nicht immer nach dem Ölstand zu sehen brauchte, man betankte die Maschine einfach wie bei einem Zweitakter — auf fünf Liter Benzin kam jedesmal ein Liter Öl in den Öltank. Natürlich »Rennöl«, Motorenöl mit etwas Rizinus angereichert, um die ebenso einmalige wie bedeutende Duftnote zu erzielen. Das war immerhin das Zeichen eines großen Fahrers seiner Zeit.

Einen Kickstarter gab es selbstverständlich auch nicht. Wäre auch komisch gewesen, diesem edlen Renner so ein abwertendes Detail zu belassen. Erasmus schob die »Welokette« an — und zwar sehr elegant, wie sich das für einen großen Meister gehört.

Es war eine Zeremonie, ein Ritual. Die Maschine lehnte lässig am Bordstein, etwas schräg, damit die ehrfürchtigen Zuschauer nicht gleich die Ölpfütze unter dem Motor sahen. Erasmus schritt heran, Baskenmütze ganz schnell über den Ohren, Rennbrille hochgeschoben, eine kurze Rennjoppe, Breeches, elegante Schaftstiefel an. Beim Schreiten (das war wichtig, denn »gehen« wäre zu gewöhnlich gewesen angesichts des edlen Rosses) zog er sich mit eingeübter Eleganz zwei dünne, hellgelbe, wildlederne »Renn«-Handschuhe mit durchlöchertem Handrücken an. Ganz Mann von Welt.

Nun trat er zu dem Motorrad und schob es leicht auf den Fahrdamm. Mit der rechten Hand griff er über den Sattel und das angehängte Rennbrötchen nach unten und schaltete den zweiten Gang ein, d. h. er riß den langen Schalthebel nach oben. Dann zog er die Maschine einen Meter etwa so weit zurück, daß der Kolben über den oberen Totpunkt hinwegrutschte. Nun ein kurzer Blick in die Runde, ob auch genügend Ehrfurcht auf den Mienen der Zuschauer zu sehen war, und dann begann das nette Spiel. Anschieben mit gezogener Kupplung, richtig auf Schwung kommen, dann die Kupplung losgelassen — mit hellem Bellen schepperte die Rennmaschine los. Zurückschalten in den ersten Gang — und dann —

— im Dampf einer blauen Wolke wurde ein Raketenstart zelebriert, gegen den das Abheben einer Saturnrakete eine langweilige Angelegenheit ist. Herrlich —! Es gab einen schwarzen Strich vom Gummi des Hinterradreifens auf der Straße, und das Volk erschauerte.

Eines Tages trat Erasmus wieder vor die Renn-Welokette, um sich am Vergnügen der Beschleunigung zu ergötzen, als neben sei-

nem Heiligtum ein anderer Motorradfahrer hielt. Es war nach Ansicht von Erasmus ein scheußlich häßliches Vehikel mit einem »Hebammen-Durchstieg« (ein in der Mitte fast offener Rahmen wie bei einem Damenfahrrad). So etwas hatte er noch nie gesehen. Der Benzintank lag in dieser Rahmenlücke unter dem Sattel, der Lenker war ziemlich weit nach hinten gezogen — also alles andere als sportlich. Aber man erkannte, daß die Maschine zwei nebeneinander liegende Zylinder mit einem Kühlmantel für Wasserkühlung besaß, beide hellrot angestrichen. Der Kühler aus Messing war schräg vorn über den Zylindern im Rahmen befestigt. Unter den Zylindern auf dem Gehäuse konnte man das Markenzeichen sehen: *Scott.*
Der Fahrer auf der Maschine trug einen großen breitkrempigen Hut und schien so etwas wie ein Kunstmaler zu sein. Er grinste Erasmus freundlich an und sagte: »Na, Kleener? Hast *Du* sie jetzt? Kiek mal, den Eisenbahnzylinder hat se ooch noch.«

Erasmus kam sich vor, als sei der Kaiser von China irgendwo auf der Straße von einem respektlosen Untertan dämlich angequatscht worden. Er schaute dieses komische Motorrad und den merkwürdigen Fahrer nur kurz aus den Augenwinkeln an, schüttelte sich angeekelt und gab damit zu erkennen, daß er eine Konversation mit dem niederen Volke und vor allem mit Zweitakt-Fahrern nicht wünsche. So eine häßliche Ente neben seiner Welokette war sowieso schon eine widerliche Unmöglichkeit, und ein Gentleman schaut da garnicht hin.

Nachdem er seine Handschuhe übergestrichen hatte — was der dämliche Kunstmaler da nur zu grinsen hatte? — vollzog er die Startzeremonie wie gewohnt. Aber nach 20 Meter Schieben hielt er an — der Motor war nicht angesprungen. So ein Pech! Ausgerechnet jetzt!

»Mach mal den Benzinhahn auf, Kleener«, sagte der Kunstmaler. »Und denn laß mal 'n bißchen mehr Saft in den Schwimmer laufen.«

Erasmus tat, als habe er diese Figur neben sich überhaupt nicht bemerkt. Der Kerl war Luft für ihn. Aber er machte den Benzinhahn auf, drückte den Schwimmer einen Augenblick nach unten und schob das edle Tier erneut an. Mit einem wahren Explosionsdonner krachte der Motor los. Erasmus sprang sofort in den Sattel und zischte ab. Nun war er wieder allein, mochte der Scott-Kerl doch sehen, wo er blieb.

Nach etwa 500 m versperrte ein Verkehrsschutzmann seine Fahrtrichtung auf einer Kreuzung. Daher warten. Leerlauf hatte der Motor mit dem Rennvergaser nicht. Also Gas auf, Gas zu, Gas auf, Gas zu. Als er zur Seite blickte, stand neben ihm der »Kunstmaler« mit seinem Hebammen-Fahrrad. Nur merkwürdig, man hörte den Motor gar nicht laufen. Der Bursche grinste wieder unter der vorn hochgeflogenen Krempe seines Hutes hervor und sagte einfach: »Kiek, ich bin ooch schon da!«

Jetzt gab der Schutzmann die Fahrtrichtung frei — Erasmus vollführte einen gewaltigen Grand Prix-Start und raste wie der Blitz über die Kreuzung. Etwa einen Kilometer ging es durch eine glatte Allee — nun, er war nicht zu schlagen auf der KTT. Dann kam wieder eine Kreuzung. Gesperrt, anhalten.

Neben ihm war ein leises Motoren-Murmeln zu hören — ja, das gibt's doch nicht — da stand der Kunstmaler mit der Scott. Grinste: »Kiek, Kleener, ich bin ooch schon da!«
Beinahe hätte Erasmus vergessen, daß er diese Type gar nicht ansehen wollte. Dann kam wieder das Zeichen für freie Fahrt, und das Spiel begann aufs neue. Kavalierstart mit Donnergetöse, Dampf und Rizinusduft, Vollgas die nächste Gerade hinunter — und —
»Kiek, Kleener. Ich bin ooch schon da.«
Sie machten es so lange, bis man in der Straße vor dem Hause von Erasmus zum Stehen kam. Der Kunstmaler lachte und sagte: »Meine 600er kennste wohl nicht? — Naja, wieso ooch. Aber merk Dir mal — mit der Welokette komm ich ooch mit.«
So lernten sich Erasmus und Crius kennen, sagt die Mär' von den schnellen Männern. Crius gehörte zu jenem Kreis dieser Stadt, bei dem die Welokette schon ihre Runde gemacht hatte. Als sie einmal nach einem Rennen einen neuen Zylinder brauchte, da besorgte man sich irgendwie über das Eisenbahn-Ausbesserungswerk die Achse eines Güterwagens und drehte daraus, aus dem Vollen (!), einen neuen Zylinder. Von dem Tage an hieß sie die »Eisenbahn-Velocette« und war überall bekannt. Hätte sie einer geklaut, so wäre er nicht weit damit gekommen. Das war, wie gesagt, lange vor dem Kriege.
Erasmus ist heute ein großer Mann der Industrie in Deutschland — und fährt noch immer Motorrad. Und noch immer besonders sportliche Renner. Crius ist leitender Techniker und mit Forschungsaufgaben in einem Zweiradwerk in Frankreich betraut, außerdem ein Fachjournalist und — immer noch ein Motorradfahrer. Und immer noch ein Fahrer besonders interessanter Modelle mit versteckten Finessen, und er liebt noch immer die Tour »Kiek, Kleener, ich bin ooch schon da«. Draußen im Gelände. Und keiner von den beiden ist je älter geworden.

Das werden Motorradfahrer sowieso nicht, denn dazu haben sie keine Zeit. Ein Motorrad — wir haben es in diesem Buch gesehen — ist nämlich kein gewöhnliches Hobby, ein Motorrad ist eine Aufgabe. Man muß sich damit so sehr beschäftigen, wenn man immer Freude haben will, daß für nichts mehr sonst Zeit übrig bleibt. Ein richtiger Motorradfahrer ist krank, wenn an seiner Maschine irgendwo ein Schaden aufgetreten ist, und er kann nicht eher Ruhe geben, bis die Ursache gefunden und der Defekt behoben ist. Da kannte ich einmal ein Paar —

— sie waren glücklich verheiratet und hatten eine BMW R 60. Nach einem langen Urlaubssommer war da einiges zu machen, und man beschloß eine Generalüberholung. Da man jedoch nur eine kleine Garage ohne Licht und Heizung weitab von der Wohnung und ohne Raum für Arbeiten hatte, und weil man selbst in einem großen Mietshaus im siebten Stock unterm Dachjuchhe wohnte, war guter Rat teuer. Denn in eine Werkstatt kam das gute Stück aus Prinzip nicht.

Zu Hilfe kam das Fernsehen! Seit Wochen war in den Programm-Zeitschriften ein großer Kriminalfilm in mehreren Fortsetzungen angekündigt worden — nach einem berühmten Roman eines noch berühmteren Schriftstellers. Da sagte er zu ihr: »Weißte was? Wenn der Film ‚Melissa' läuft, dann hört kein Mensch im ganzen Mietshaus, was draußen im Treppenhaus passiert — dann schaffen wir unseren Brummer rauf in die Küche.« Und so geschah es. Am Montag war der erste Teil — die beiden trugen Sitzbank, Tank, Räder und Kotflügel über die dunklen Treppen in den siebten Stock. Mittwochs war der zweite Teil des Filmes — die beiden schleppten den ausgebauten Motor samt Getriebe, Hinterradantrieb usw. nach oben. Sonnabends war der letzte Teil — und so wanderte der Rahmen und der ganze Rest hinauf unters Dach.

Dort hub nun abends ein emsiges Arbeiten an. Der Motor wurde

sauber zerlegt, alles erneuert, was Verschleißspuren zeigte. Es wurde nichts vergessen, und in den Räumen der kleinen Wohnung wurden alle ausgebauten Teile versteckt. Nichtmal vorm Wäscheschrank machte man Halt, denn man wollte natürlich keine Scherereien haben, wenn der Hausverwalter mal in das geheimnisvolle Treiben einbrach.
So vergingen einige Wochen, bis alles wieder in Ordnung gebracht und zusammengeschraubt war. Der Rahmen glänzte im neuen Lack, der Motor sah aus wie neu, das Unternehmen war glänzend gelungen. Aber es blieb das Problem des Rücktransportes. Man studierte das Fernsehprogramm.
In zwei Wochen sollte ein Fußball-Länderspiel sein. Aber das würde natürlich nur etwas länger als anderthalb Stunden dauern und nur einmal über den Bildschirm flimmern. Das war ungeeignet. Warten.
Als das neue Programmheft kam, herrschte eitel Freude und Sonnenschein: es wurde wieder ein Fernsehspiel des berühmten Schriftstellers in drei Fortsetzungen angekündigt. Man diskutierte eifrig mit den Nachbarn und machte jedem klar, daß man einen solchen Film auf keinen Fall versäumen dürfe. Am Montag gab es den ersten Teil — überall in den Wohnungen saßen die Leute vor dem »Tellewischen«, und im Treppenhaus war es dunkel und einsam. Sie schleppten erst den Rahmen hinunter. Am Mittwoch gab es den zweiten Teil — da brachten sie den Motor und die Getriebeteile in die Garage. Am Sonnabend abend kam der letzte Teil des Filmes — da wurden die Räder und der ganze Rest weggeschafft. Eine Woche darauf lief die BMW wieder in ganz neuem Glanz.
Die beiden hatten es gut getroffen, aber ich kenne einen, dem bei einer ähnlichen Unternehmung die Kriminalpolizei in die Wohnung kam. Er hatte seine Norton in der Küche wieder auf Vordermann gebracht, und die ganze Familie hatte geholfen. Natür-

lich ging das nicht ohne Geräusche ab, und auch nicht ohne ein wenig Geheimniskrämerei. Denn man brauchte ja den Nachbarn im Mietblock nicht gerade auf die Nase binden, daß man in der Wohnung ein komplettes Motorrad betreute. Aber die Nachbarn waren neugierig und mißtrauisch. Wer schon so ein raubiges Motorrad besitzt, der ist doch schon mal verdächtig. Und dann rasselt, klappert, brummt und klopft es in der Wohnung auch so oft, und wenn man klingelt und in die Wohnung will, dann rennen sie zuerst darin so komisch umeinander, und neulich öffnete die Oma mit ganz schwarzen Fingern die Tür.

Also, da stimmt etwas nicht.

Der Zufall wollte es wohl so, daß in diesem Landstrich die Polizei nach einer Falschmünzerwerkstatt suchte. Und — muß ich den Fortgang der Geschichte wirklich weitererzählen?

Eines Abends klingelte es an der Tür. Schlagartig hörte die Geschäftigkeit in der Küche auf, es wurde still, nachdem man noch hören konnte, wie irgendein Möbelstück oder sonst irgendetwas über den Boden geschoben wurde. Da es lange dauerte, klingelte es noch einmal. Die Oma öffnete die Tür und schaute hinaus.

Zwei Männer standen draußen. »Dürfen wir eintreten? Wir kommen von der Kriminalpolizei.« Oma lächelte und sagte sehr freundlich: »Aber bitte, die Herren! Kommen Sie herein. Hier bitte.« Sie führte die beiden in das Wohnzimmer.

»Ist der Hausherr daheim?« fragte der eine Mann und machte eine amtliche Miene. »Natürlich«, sagte Oma und holte ihren Schwiegersohn. »Was gibt es denn?«

»Wir müssen leider Ihre Wohnung durchsuchen«, sagte der eine und holte ein amtliches Papier aus der Brieftasche. »Bitte sehr«. Man führte die Herren überall herum, und schließlich kam man in die Küche. In der Ecke hinter dem Besen-Vorhang lehnte die Gabel der Norton. Blitzblank und sauber. »Was ist das?« fragte der ein Beamte.

»Das ist die Vorderradgabel meines Motorrades«, sagte unser Motorradfahrer. »Und hier sind die anderen Teile, meine Herren«. Und damit öffnete er die Tür zur Speisekammer.
»Ein Motorrad?« fragte der Kriminalist. »Was machen Sie denn damit?« »Das repariere ich in Einzelteilen.«
»Was ist denn das für eine Maschine?« wollte der andere wissen.
»Das ist eine Norton-Dominator 99!« sagte der Motorradfahrer und lachte.
Die Geschichte endete gut, nur die Nachbarn waren unbefriedigt. Sie rätseln noch heute darüber nach, warum die beiden Kriminaler so lange in der Falschmünzer-Wohnung waren, warum sie schließlich lachend wieder weggingen und noch auf der Straße sagten: »Junge, Junge — was muß die Maschine hergeben, wenn sie fertig ist. Das macht denen keiner nach.«
Hatten sie gesagt — ganz bestimmt — ganz laut — durchs ganze Treppenhaus — alle hatten es gehört.
Es ist auch unglaublich, was alles die Mitmenschen um uns herum immer von den Motorradfahrern denken. Es reizt geradezu, diesen Gedanken noch mehr Stoff zu geben, und das war auch der Grund, weswegen sich der Peter eines Tages in den König Ibn Saud verwandelte. Er besaß ein 750 ccm Zündapp-Gespann aus der Zeit der früheren deutschen Wehrmacht, das den Krieg überdauert hatte und nun beim Peter neben einer modernen BMW ihr Gnadenbrot erhielt. Die »Sahara-KS« (so genannt, weil dies Modell KS 750 bei den Kämpfen in Afrika Verwendung fand) hatte neben vielen besonderen Finessen und ihrem sandgelben Anstrich noch etwas ganz Besonderes: ein Getriebe mit einem Gelände-Vorgelege, einem zuschaltbaren Antrieb des Seitenwagens mit Differentialsperre und — einen Rückwärtsgang. Das sind natürlich alles Dinge, die einem Motorradfahrer schon Spaß machen können. Und der Peter nutzte jede Gelegenheit zu einem Spaß damit aus.

Eines Tages fuhr durch die kleine Stadt Marbach am Neckar ein großes geländegängiges Motorrad mit einem Nummernschild, das kein Mensch genau entziffern konnte. Es zeigte Zahlen und Schriftzeichen, die nur aus dem Orient sein konnten. Der Fahrer im Sattel aber hatte einen weißen Burnus um und ein dunkelhäutiges Gesicht. Er trug eine Sonnenbrille und hatte über der Oberlippe unter der Hakennase ein dünnes, schmales Bärtchen. In englischer Sprache fragte er die Leute nach dem Weg zum Schiller-Museum.

Das war der Peter, und seine Freunde fuhren in einem alten Volkswagen hinter ihm her. Die Leute blieben auf der Straße stehen und schauten ihm nach, steckten die Köpfe zusammen und diskutierten heftig. Dem Peter schien die Rolle Spaß zu machen, aber plötzlich ritt ihn der Teufel: er steuerte geradewegs auf den Polizisten zu, der an der Ecke bei der Tankstelle stand.

Aber — es passierte gar nichts. Der höfliche Hüter der Ordnung grüßte freundlich und versuchte dann, in englischer Sprache dem Gast aus dem weiten und fernen Land den richtigen Weg zu erklären. König Ibn Saud in seinem weißen Burnus schien schlecht zu verstehen, und der Schutzmann redete eindringlicher. Und plötzlich hatte es der »Öl-König« sehr, sehr eilig. Er nickte heftiger und heftiger, wehrte mit der Hand weitere Reden des Beamten ab und entschwand mit einem Kavalierstart um die Ecke.

»Mensch, warum biste denn so abgesaust?« wollten seine Freunde wissen. »Weil der aufsteigen und mich hinführen wollte«, sagte König Ibn Saud. »Und das war mir denn doch zu riskant. Stellt Euch vor, morgen steht in der Zeitung ‚Hoher Besuch aus dem Orient. König Ibn Saud besuchte mit einem Motorrad die Schillerstadt'!« So kam es, daß nur der Polizeiposten in Marbach und die Klatschtanten in den Kaufläden »ganz bestimmt« wußten, daß der König Ibn Saud inkognito mit einem Motorrad nach Marbach gefahren war.

Mit diesen Sahara-Zündapps konnte man schon besondere Dinge erleben. Vor allem, liebe Freunde, war es der Rückwärtsgang! So hielt einmal eine Streife der Polizei bei einer Verkehrsüberwachung einen Motorradfahrer auf solch einem großen Gespann an. Nachdem alles zur Zufriedenheit abgelaufen war und die Beamten erklärten, er könne weiterfahren, hatte unser Freund auch schon den Rückwärtsgang eingelegt. Hinter ihm war alles frei, er ließ die Kupplung langsam kommen, und das Motorrad setzte sich nach rückwärts in Bewegung.
Die Polizisten, die als jüngere Leute solche Art von Maschinen noch nicht erlebt hatten und nicht kannten, blieben fassungslos stehen, bis sie begriffen, was sich da tat. Dann liefen sie hinter der langsam fahrenden Maschine her, bis der Fahrer anhielt, und nun gab es ein langes Erzählen über das sonderbare Motorrad. Die Verkehrsüberwachung war an diesem Nachmittag vorbei.

Vom Pulverschmied bis zu Lederstrumpf

Jungens, die Jahre sausen dahin — es gibt kein Motorrad, das so schnell ist wie sie. Es hat keinen Zweck, du holst die Zeit doch nicht ein. Die Jahre greifen dich — erst langsam, boys — aber dann schneller und schneller. Wir können nicht viel dagegen tun, aber wir können versuchen, wenigstens eines aufzuhalten: die verschwindende Jugend. Ihr, die ihr Motorräder fahrt, wißt genau, daß solch löbliches Beginnen der Jungbrunnen ist. Manchmal vergißt man dann die Jahre.

Wer Motorradfahrer kennt, der weiß auch, daß es immer ein besonderes Völkchen war, daß Alter da gar nichts bedeutet. Motorradfahrer sind, wie erwähnt, noch Pioniere der Kraftfahrt, denn es gibt kaum ein Motorrad, das mehr als 50000 km ohne größere Reparatur zurücklegt. Ausnahmen bestätigen die Regel oder dem Fahrer »schonende« Fahrweise. So sind Motorradfahrer oft auch hervorragende Handwerker, z.B. Schmiede, Schlosser, Dreher, Elektriker, Schweißer, Ingenieure usw. — sie würden nicht weit mit ihrem Spaß kommen, könnten sie sich nicht selbst helfen. Selbst im größten Zivilisationsland (nebenbei: Zivilisation und Kultur ist bekanntlich ein großer Unterschied!) sind gute Werkstätten für Motorräder so selten wie Oasen in der Wüste und gute Mechaniker in diesen Werkstätten wiederum so rar wie vierblättriger Klee. Hast du eine Panne mit der Maschine mitten in einer Großstadt, in der an jeder Straßenecke eine Tankstelle, eine Autowerkstatt, eine Spezial-Elektrobude für Kraftfahrzeuge ist, dann bist du in der gleichen Situation wie ein einsamer kanadischer Felljäger in den Rockys. Denn keiner wird dir helfen. Ja, meist ist man froh, wenn man dich als Hilfesuchenden wieder los ist. Und die nächste gute Hilfsquelle ist irgendwo 50 km weg. Was bleibt dir übrig? Du mußt den Schlitten selbst wieder in Gang bringen. Und dazu mußt du etwas können.

Motorradfahrer können meist alle etwas. Es gibt kaum einen, der sich nicht weiterzuhelfen weiß, auch wenn es nicht um seine Maschine geht. Da kenne ich einen, der wohnt im Hessischen, von Beruf ist er Schmied. Er fährt noch eine der schweren 600-ccm-Maschinen von Zündapp und versteht es wie alle Fahrer dieser Maschinen heute, das Motorrad stets in Gang zu halten. Der Schmied ist von mächtiger Statur, gewaltig wie ein Berg, eine ehrliche und gute Haut und ein wunderbarer Kamerad. Von ihm erfuhr ich, was Motorradfahrer sonst noch alles können.

Eines Tages hörten wir davon, daß es einen Mann gäbe, der nach Bildvorlagen 200 Jahre alte Steinschloßgewehre mit modernen Materialien nachbaue, die wirklich und genau schössen. Und an den Feuern beim Elefantentreffen erzählten sie uns vom »Pulverschmied«, denn das Schießpulver für seine Gewehre mache er sich auch selbst. Ja, es ist keine Geschichte von Lederstrumpf oder aus den Büchern von Karl May — der Reiter der großen Zündapp und seine Waffen existieren wirklich.

Wir haben es selbst gesehen, wie er es macht. Und eines Tages haben wir selbst mit diesen Gewehren in einem alten Steinbruch geschossen. Der Lauf wird aus nahtlosem Präzisionsstahlrohr gefertigt, und die Züge werden über eine dafür speziell angefertigte Ziehvorrichtung mit dem richtigen Drall eingeschnitten. Kaliber etwa 14 mm. Alle Schloßteile und Federn schmiedete er selbst, und für die Schlagfläche der Batterie, an der beim Vorbeischlagen des Feuersteins der Zündfunke entsteht, hatte er sich ein besonderes Patent ausgedacht, um verschieden harte Eisen- bzw. Stahlqualitäten zusammenbringen zu können. Alle Beschläge sind aus Messing, der Schaft und der Kolben aus poliertem Nußbaumholz. Vorbild waren die französischen Charleville-Gewehre um 1750. Der Pulverschmied fuhr seine Waffen mit der Maschine zum Schießstand, und es gab so manchen Mitbürger, der mit großen Augen hinter dem Motorrad hersah, aus dessen

Seitenwagen drohend ein paar lange Gewehrläufe nach hinten herausragten, als die Schutzdecke etwas frei geflattert war.

»Als ich das erste Gewehr fertig hatte, wollte ich probieren, wie es funktioniert. Ich ging in den Keller unseres Hauses, wo ich meine Werkstatt habe, um es dort abzufeuern. Denn der nächste Schießstand war zu weit weg für eine schnelle Probe.

Ich schloß alle Fenster und auch die Kellertür, lud die Waffe mit Pulver und einem Filzpropfen. Dann drückte ich ab.

Es gab einen furchtbaren Knall in dem engen Raum, und ich dachte, die Fensterscheiben flögen heraus. Vor lauter Pulverdampf konnte man nichts mehr sehen. Aber da kamen eilige Schritte die Treppe herunter, und unsere Oma rief durch den Keller: Ich habe Dir doch schon so oft gesagt, Karl, daß Du nicht mit den Türen so knallen sollst.«

In Kärnten lebt im Gebirge in 1500 m Höhe in einem einsamen Forsthaus der Förster eines Stifts. Dort hinauf in die Einsamkeit kommt nie ein anderer Mensch, selbst die Einheimischen wandern nur selten am Forsthaus vorbei. Der Förster-Peter hat eine alte

BMW R 71, die etwa 1940 gebaut wurde. 750 ccm, zwei Zylinder, Viertakt, seitengesteuert. Das ist ein ganz seltenes Exemplar, für das es keine Ersatzteile mehr gibt. Nicht einmal ein Handbuch oder eine Betriebsanleitung gibt es, und wenn irgendetwas kaputt geht, dann muß der Förster dieses Teil selbst herstellen, wozu er jedoch wiederum Material und alles tief unten im Tal holen muß. Der Weg zur nächsten zivilisierten Ansiedlung ist 25 Kilometer lang. Und trotzdem läuft die Maschine, und der Peter fährt mit ihr durch sein Revier. Auf den zum Teil furchtbaren Wegen ist das keine Kleinigkeit, denn das Motorrad ist an und für sich fürs Gelände sehr schwer und unhandlich. Aber barhäuptig, den großen Loden um, das Gewehr umgehängt, ist der »Klosterjäger« in seinem Revier unterwegs.

Eines Tages funktionierte das alte Getriebe der Maschine nicht mehr, und das war ein schwerer Schlag. Weil die Wege zum Forsthaus alles andere als Autobahnen sind, und weil man entweder einen Geländewagen oder eben ein Motorrad haben muß, um dorthin zu gelangen. Ohne Motorrad wurde es für den Förster und seine Familie schlecht. Der Peter war ursprünglich Silberschmied gewesen, ehe er in die Einsamkeit der Bergwälder ging, und alles, was dort oben gemacht werden mußte, konnte er fertigbringen. Seine Waffen baute er zum Teil selbst. Sein Werkzeug, sein Schießbedarf — alles war Eigenproduktion. Aber hier beim R 71-Getriebe wußte er nicht weiter.

Er schickte eine briefliche Nachricht an einen anderen Motorradfahrer, den er in Deutschland kannte.

Und nun soll man hören, was Motorradfahrer untereinander in einem solchen Fall machen. Durch einen Rundbrief an viele Freunde erkundigte sich einer nach den Einzelheiten des R 71-Getriebes, und es wurden viele Beine und Räder in Bewegung gesetzt, denn nun war es Ehrensache geworden, die alte Maschine in den Bergen irgendwie wieder flott zu kriegen. Man fand noch irgendwo einen alten Mechaniker-Meister, der sich mit diesem Modell auskannte, man fand auch Teile irgendwo verstaubt herumliegen, und eines Tages rumpelte am späten Abend in tiefer Dunkelheit nach mehr als 450 km Anfahrt über die kaum zu findenden einsamen Gebirgswege ein Zündapp-Gespann durch die tropfnassen Wälder, um das kleine Forsthaus zu finden. Endlich tauchte das Licht auf, und der Motorradfahrer, ein Eiserner aus Linz, der diesen Weg zusammen mit seiner Frau gemacht hatte, brachte dem Förster-Peter alles, was er brauchte, um die R 71 wieder flott zu kriegen. Sie kannten sich nicht und hatten sich nie vorher gesehen, und am nächsten Morgen in der Frühe fuhren die Hilfsengel mit einem einfachen »Grüß Gott« wieder davon.

Es gibt wohl selten eine Gemeinschaft, in der der Begriff der Kameradschaft untereinander nicht bloß beredet, sondern intensiv ohne viele Worte praktiziert wird. Dafür gibt es unzählige Beispiele.

Ich kannte mal einen, dessen Maschine bei einer Durchquerung Rußlands irgendwo in der Steppe sämtliche Speichen im Hinterrad verlor. Ein einfacher russischer Wagnermeister in einem Dorf machte eine Holzscheibe, die anstatt der Speichen zwischen Nabe und Felge eingepaßt wurde, und damit erreichte unser Freund tatsächlich Wladiwostok. Diese Legende erzählt man an den Feuern von Robert Sexé aus St. Poitiers in Frankreich, der mit seinen Maschinen die ganze Welt durchfuhr. Robert Sexé ist eine legendäre Figur, ein Symbol der großen Motorrad-Abenteurer. Trotz seiner jetzt wohl 75 Jahre fährt er Jahr für Jahr im Winter zum Nürburgring zum Elefantentreffen, um im Kreise seiner Freunde einmal im Jahr neuen Mut zu fassen. Sein Fahrmantel stammt aus dem Jahre 1915, er hat ihn von einem englischen Soldaten erhalten, seine Mütze ist auch eine Reliquie irgendeiner besonderen Reise, seine Ledergamaschen erinnern daran, daß er Zeit seines Lebens auf Motorrädern »geritten«

ist. Aber seine Augen funkeln voller Temperament, den Damen küßt er artig die Hand, und wenn er erzählt, wird es still um ihn. Als es noch nicht überall Eisenbahnen gab, als das Telefon in vielen Gegenden noch unbekannt war, und als z. B. feste Straßen auf dem Balkan höchstens in den Hauptstädten zu finden waren, da donnerte Robert Sexé mit vorsintflutlichen Maschinen schon um den Erdball. Und zu den Motorradfahrern sagte er: »Ihr seid alle meine Söhne —!«

Es gibt Männer, die fahren auf kleinen Maschinen um die ganze Welt. Die machen Reisen, die sich normale Sterbliche nur mit einem riesigen Wagen, mit einem dicken Geldbeutel, mit Hilfe und »Service« und Assistenz modernster Erkenntnisse getrauen. Jemand sagte einmal irgendwo: »Das Motorrad ist eines der letzten und größten Abenteuer, die uns geblieben sind.« So ist es. Vom Pulverschmied und vom Klosterjäger, von Robert Sexé bis zu den Gestalten aus Lederstrumpfs Erzählungen ist der Weg gar nicht weit.

Schnelle Eisen

Niemand komme mir mit der Frage, ob es überhaupt noch Motorräder und Motorradfahrer gibt! Mir scheint, daß man einmal aufzählen sollte, wie es um unsere Zunft bestellt ist. Und mit welchen schnellen Eisen die Kerle heutzutage umgehen und den ‚Spaß an der Freud' genießen. Ca. 30 Motorradmarken aus Deutschland, England, Italien, Japan, Skandinavien, Spanien, USA und anderen Ländern mit insgesamt ca. 100 verschiedenen Modellen kann man in unserem Lande auswählen, wenn einem der Sinn nach frischer Luft und Freiheit steht. Von 50 ccm bis 1200 ccm Hubraum — von 5 bis weit über 60 PS Motorleistung! Zur Zeit, wo ich dieses Kapitel schreibe, gibt es in Westdeutschland rund 200 000 »richtige« Motorräder. Ist das *nichts* — ?
Das wären also 200 000 frische, junge Herzen, die sich daran freuen, mit einer rasanten Maschine fahren zu können. Aber mindestens dreimal so viele hängen noch als Mitfahrer, Sportler und Begeisterte an Motorrädern. In den letzten Jahren wurden zudem allein von der Obersten Motorradsport-Kommission in Offenbach Tausende von Ausweisen und Lizenzen für Motorrad-Sportfahrer ausgegeben. Mehr als 400 Straßen- und Bergrennen, Geländefahrten und Moto Cross-Veranstaltungen finden jährlich für Motorräder in Deutschland statt. Hinzu kommt noch eine Unmenge touristischer Wettbewerbe, Stern- und Zielfahrten. Da kann man nicht davon sprechen, daß die Helden müde sind.

*

In den zwanziger Jahren waren es die englischen Maschinen, die sozusagen an der Spitze der edlen Pferde lagen und den Männern die Köpfe verdrehten. Dann gab es schwere und interessante Wettkämpfe im Sport und in der Wirtschaft zwischen den deutschen und englischen Marken, und auf dem Kontinent dominierten dann nach dem Zweiten Weltkrieg die deutschen Motorräder. Aber — das sollte sich bald auf der ganzen Welt ändern!

Die Söhne aus dem Lande der aufgehenden Sonne in Japan waren recht clevere Leute. Sie schauten sich in der Welt um und begannen auch, Motorräder zu bauen. Zuerst waren das meist Nachbauten von deutschen und englischen Modellen, aber eines Tages, in der zweiten Hälfte der fünfziger Jahre, kamen sie mit eigenen Maschinen auf den Weltmarkt. Und den eroberten sie sehr geschwind. Sie brachten es fertig, daß im Lande der unbegrenzten Möglichkeiten, in Amerika, der Motorsport eine Blüte erlebte wie nie zuvor. Dabei dominierte u. a. das Haus Honda in Tokio, das daraufhin die größte Motorradfabrik der Welt mit mehr als 10 Millionen hergestellter Einheiten wurde.

Eben sprach ich von den begehrten PS. Nehmen wir einmal ein kleines Motorrad, das einen Hubraum von 50 ccm und dabei 5 PS hat. Oder ein Motorrad, das bei einem Hubraum von genau 500 ccm 50 PS Leistung besitzt. Daneben zum Vergleich den simplen und zuverlässigen Volkswagen-Käfer mit 34 PS aus 1200 ccm Hubraum. Würde man nun dieses Auto mit dem gleichen Leistungsniveau wie bei einem so sportlichen Motorrad versehen, dann müßte es bei 1200 ccm eine Leistung von 120 PS haben. Dann würde es vielleicht eine ähnliche Rakete sein, wenn nicht das Gewicht noch wäre. Ein Motorrad mit 180 kg und 50 PS hat ein Leistungsgewicht von 3,6 kg pro PS. Der normale Volkswagen-Käfer unter den gleichen Bedingungen ein solches von 22,3 kg pro PS. Das bedeutet, daß das Motorrad bei einem Raketenstart von 0 bis 100 km/h in ca. 6 Sekunden ist, und der VW dafür im Durchschnitt 36 Sekunden braucht!

So. Kann man nun verstehen, was eigentlich an so einer Maschine mit zwei großen Rädern und einem kräftigen Motor unter anderem dran ist?! Ich denke schon. Da braucht man überhaupt nicht von möglichen Höchstgeschwindigkeiten sprechen.
Und dann — wenn frische Luft verlangt wird! Wenn man den Wind um die Nase braucht, der dir die Sorgen und den Staub der Woche wegpustet — ! Ja, und wenn du wissen willst, wie feuchte Fichtenwälder und frisches Heu riechen — ! Stundenlanges Dahinsausen und endlose Kilometer in Wind und Wetter, dann braucht man ein Motorrad. Wer sich einmal richtig am Fahren freuen will, hinter welcher Freude vielleicht nur noch das Erlebnis des Fliegens kommt, der muß sein Auto zu Hause lassen. 400 km an einem Stück in einem Wagen sind eine Leistung — oft aber kein Genuß. Und wenn man einmal dorthin fahren möchte, wo man keinen Menschen mehr trifft, höchstens eine Wildsau oder einen einsamen Förster, dann muß ein Motorrad her!
Und dann kriegt man auch ein paar Freunde mit der Zeit, über die man nicht die Nase rümpfen soll. Man liest vielleicht in der Provinz-Zeitung, daß sie schreckliche Kerle sein sollen — aber man lerne sie einmal richtig kennen! Wißt ihr, wie schön ein Gespräch über PS, Benzin, Motorräder und Fahren ist? Wißt ihr, was es für ein Gefühl ist, bei einer schweren Geländefahrt eine Medaille oder bei einem Straßenrennen einen guten Platz, bei einer Sternfahrt einen Pokal oder bei einer Urlaubsfahrt ein schwierig zu findendes Ziel zu erreichen? Und dann solltet ihr wissen, wie es ist, wenn der Schlitten einmal irgendwelche Mucken hat und man nachts nicht schlafen kann, weil man nicht weiß, woher diese Tücken im Motor kommen. Man sollte wissen, wieviel Überlegungen, eigene Arbeit, Zeit und Begeisterung zu einem Motorrad gehören. Denkt einmal darüber nach, meine lieben Leser, welche Befriedigung es ist, wenn man trotz Regen, Nebel, Kälte, Schnee, Glatteis und Schmiere in vier Stunden

250 km weit zu einem Freund fährt und diesen pünktlich erreicht. Wie ist es aufregend, wenn man schon am Montag abend wieder die Vorfreude auf das nächste Wochenende genießt, an dem die schnelle Maschine einen wieder auslüftet. Es ist das beste Mittel in jeder Hinsicht gegen jede Vertrottelung, die einen anderen so schnell von jeder Natur entfernt, ihn ungesund und anspruchsvoll macht. Das Motorrad hält unsere Sinne wach, und das Fahren härtet ab. Was meint ihr wohl, wann ich den letzten Schnupfen hatte? —

Und noch was: es gibt ja viele Hobbies, aber das Motorrad ist mit allem anderen kaum zu vergleichen. Vielleicht mit Segelfliegen, Bergsteigen, Segelschiffen, Reiten. Es ist nicht billig hierzulande und anderswo — bei den Preisen für Benzin, Öl, Klamotten, Ersatzteilen, Steuer, Versicherung und so weiter, pipapo. Man könnte ja sagen, daß man so viel Geld vernünftiger anlegen solle. Was heißt »vernünftiger«? Kegeln? Stammtisch? Oder Heide-Schmalzfilm mit Rena Busento in der Hauptrolle? Vielleicht Zaza-Bubi-Club mit Boogie-Woogie-Hoppsassa?

Siehste, Korl oder Oddo oder Peter oder Fritz! *Deswegen* sterben die schnellen Eisen nicht aus. Und da haben wir keine Bange drum für die Zukunft. Wenn eines Tages die ersten Männer auf dem Mond landen, dann werden sie nach einer halben Stunde darüber diskutieren, ob man auf dem Geröll besser mit einer Schwingen-BMW oder mit einer Federbett-Norton fahren kann. Lacht nur! Davon sind wir Motorradfahrer überzeugt. Und das Gespräch über Motorrad-Motoren mit einer oder zwei obenliegenden Nockenwellen wird in den Raumschiffen ebenso wenig aufhören wie heute beim Nett-Wirt vor der Theke am Nürburgring oder anderswo. So long — !